CATALOGUE

De la nombreuse Collection

D'ESTAMPES

ET DE

DESSINS ANCIENS

DE TOUTES LES ÉCOLES

Œuvres d'Adrien Van OSTADE et de J.-J. de BOISSIEU

DONT LA VENTE AUX ENCHÈRES PUBLIQUES AURA LIEU

Par suite du Décès de M. GUICHARDOT

HOTEL DES COMMISSAIRES-PRISEURS

RUE DROUOT, 5, SALLE Nº 5

AU PREMIER ÉTAGE

Du Mercredi 7 au Samedi 10 Juillet 1875

POUR LES DESSINS

Et du Lundi 12 au Mardi 20 Juillet 1875

POUR LES ESTAMPES

A une heure précise

Mᵉ **DELBERGUE-CORMONT**, Commissaire-Priseur;
rue de Provence, 8,

Assisté de **M. CLEMENT**, Mᵈ d'Estampes de la Bibliothèque nationale,
rue des Saints-Pères, 3,

Et de **MM. DANLOS fils** et **DELISLE**, Marchands d'Estampes,
quai Malaquais, 15.

EXPOSITIONS PUBLIQUES

POUR LES DESSINS	POUR LES ESTAMPES
Le Mardi 6 Juillet 1875.	Le Dimanche 11 Juillet 1875.

DE DEUX HEURES A CINQ HEURES.

PARIS — 1875

CONDITIONS DE LA VENTE

Elle sera faite au comptant.

Les acquéreurs paieront CINQ POUR CENT en sus du prix d'adjudication.

Les attributions de feu M. GUICHARDOT, en ce qui concerne les dessins, ont été conservées.

Les Experts dirigeant la vente se réservent la faculté de rassembler ou de diviser les lots.

ORDRE DES VACATIONS

DESSINS

Mercredi 7 Juillet, nᵒˢ 9 à 189	Vendredi 9 Juillet, nᵒˢ 371 à 531
Jeudi 8 Juillet, nᵒˢ 190 à 370	Samedi 10 Juillet, nᵒˢ 532 à la fin

Les Tableaux seront vendus le Samedi 10 Juillet, à quatre heures.

ESTAMPES

Lundi 12 Juillet, nᵒˢ 687 à 875	Vendredi 16 Juillet, nᵒˢ 1455 à 1643
Mardi 13 Juillet, nᵒˢ 876 à 1053	Samedi 17 Juillet, nᵒˢ 1644 à 1835
Mercredi 14 Juillet, nᵒˢ 1054 à 1262	Lundi 19 Juillet, nᵒˢ 1836 à 2023
Jeudi 15 Juillet, nᵒˢ 1263 à 1454	Mardi 20 Juillet, nᵒˢ 2024 à la fin

DÉSIGNATION

TABLEAUX

Anonyme

1. L'Amour endormi.

Bois. — H. 25 c. L. 23 c.

Anonyme

2. Au bord d'une rivière, des hommes viennent de sortir du bain et s'habillent.

Bois. — H. 36 c. L. 30 c.

BOUCHER (F.)

3. La Cuisine champêtre.

Une jeune femme épluche des légumes que lui présente un jeune homme assis à son côté ; devant elle, une marmite suspendue sur le feu. Composition de trois figures.

Toile. — H. 59 c. L. 50 c.

BOUCHER (F.)

4. La Vierge et saint Joseph regardant l'enfant Jésus endormi.

Cuivre. — Diamètre 81 c.

BRAUWER (A.)

5. Buste d'homme coiffé d'une calotte plate.

Bois. — H. 10 c. L. 9 c.

MIERIS (F.) le Jeune.

6. Judith coupant la tête d'Holopherne.

Cuivre. — H. 32 c. L. 24 c.

VANDERBURGH

7. Paysages avec figures. 2 tableaux faisant pendant.

Bois. — H. 27 c. L. 35 c.

VERNET (École de)

8. Paysage avec figures.

Toile. — H. 42 c. L. 31 c.

DESSINS

AKEN (J. van)

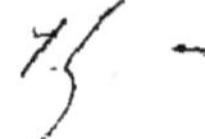

9. Paysages montagneux. 3 beaux dessins à la plume
et à l'encre de Chine.

10. Paysages. 4 dessins à la plume, à l'encre de Chine,
au bistre et au crayon noir.

ALMELOVEEN (J. van)

11. Paysages. 2 jolis dessins à la plume et à l'encre de Chine.

Anonyme italien du XVᵉ siècle

12. Petit Monument d'architecture divisé en six compartiments où sont représentés : la Vierge et l'Enfant Jésus, le Christ en croix et différents saints. A la plume.

13. Cinq Portraits de princesses représentées en pied, en hauteur. A la plume, lavés de bistre. A la gauche de la marge du haut de chacun de ces portraits se trouvent les noms et qualités du personnage.

Anonyme du XVIIᵉ siècle

14. Paysage avec rivière traversée par un grand pont. Beau dessin à la plume au lavis de bistre et d'encre de Chine.

Anonyme du XVIIIᵉ siècle

15. L'Arracheur de dents. Composition de beaucoup de figures. A la plume, lavé de bistre.

Anonyme du XVIIIᵉ siècle

16. Vue de l'Église Saint-Marc à Venise. A la plume et au bistre.

BAKHUYSEN (L.)

17. Marines. 3 dessins à la plume, à l'encre de Chine et au bistre.

BAROCHE (F.)

18. Dessin pour le tableau de l'Incendie de Troye. Beau dessin au lavis d'encre de Chine, de bistre et rehaussé de blanc ; en bas, en écriture très-ancienne, l'historique du dessin et l'indication des collections d'où il provient, y compris celle de Crozat.

BAPTISTE (J.-B. Monnoyer, dit)

19. Fruits. Beau dessin à la plume, lavé d'aquarelle.

BEGA (C.)

20. Femme debout tenant une cruche. — Femme assise et dormant, etc. 4 dessins au crayon rouge, dont une contre-épreuve.

21. Études de Femmes debout et une assise. 5 dessins au crayon rouge.

22. Études de femmes assises. 3 dessins au crayon rouge.

23. Études d'hommes dans différentes positions. 6 dessins au crayon noir, sur papier bleu.

24. Études de femmes assises et debout. 6 dessins au crayon noir, sur papier bleu.

25. Femme assise et dormant, Femme debout, vue de face. Autres Études de femmes. 4 dessins aux crayons noir et blanc, sur papier bleu.

BÉLANGER

26. Vue perspective du grand Théâtre des Arts projeté à Paris, place du Carousel, en face des Tuileries. Beau dessin à la plume et au bistre. Ce dessin a été gravé.

BELLE (Étienne)

27. Le Bouillon du lendemain. Très-joli dessin du xviiie siècle. A la plume, lavé de bistre et rehaussé de blanc.

BERGHEM (Nicolas)

28. Une Femme montée sur un âne et causant avec un homme qui conduit une chèvre et des moutons. A la plume lavé de bistre et d'encre de Chine.
29. Bergers avec leur troupeau à l'abreuvoir. Au crayon noir, lavé d'encre de Chine.

BERGHEM (École de)

30. Paysage montagneux : sur le devant une Bergère avec son troupeau. Au crayon et à l'encre de Chine.

BERGHEM et MOUCHERON

31. Paysage. A droite un troupeau de bœufs et vaches traverse une rivière, à gauche un grand arbre. Très-beau dessin à la plume lavé de bistre.

BLOEMEN (A. van)

32. Soldats à la porte d'une auberge. Départ de Cavaliers. 2 dessins au crayon noir et à l'encre de Chine.

BOISSIEU (J.-J. de)

33. Paysage avec rivière formant cascade : à droite des rochers avec château au sommet; à gauche trois gros arbres, dont un dépourvu de feuilles; au milieu deux grands arbres au bord d'un chemin que suivent plusieurs personnages. Magnifique dessin à la plume lavé d'encre de Chine et rehaussé de blanc. Il porte le monogramme du maître et la date 1792.

BOISSIEU (J.-J. de)

34. Une Forêt traversée par une grande route; sur le premier plan, à gauche, un arbre presque dépourvu de feuilles. Très-beau dessin à la plume et au lavis de bistre.

35. Vue d'une ferme au bord d'une rivière. Esquisse du n° suivant. Ce dessin ayant été commencé sur papier non encollé, est resté inachevé par le maître.

36. La même composition avec quelques changements. Très-beau dessin au lavis d'encre de Chine; au haut de la droite, les initiales du maître.

37. Étude de deux troncs d'arbre au bord d'une rivière, dans le fond à gauche un hangar en bois. Beau dessin au lavis d'encre de Chine, signé et daté de 1801.

38. Étude d'un grand arbre; sur le devant, à droite, un vieillard cause avec une jeune fille qui file en gardant une chèvre. Superbe dessin au lavis d'encre de Chine. Au haut de la droite, les initiales du maître et la date de 1801.

39. Paysage, sur le devant un tronc d'arbre, dans le fond figures d'hommes et d'animaux. Ce beau dessin au lavis d'encre de Chine a été gravé par le maître.

40. Vue de Charbonnière en Lyonnais. Beau dessin au lavis d'encre de Chine; en bas, à gauche, le nom du lieu et les initiales du maître.

41. Maison de paysan dans le Lyonnais. Au lavis d'encre de Chine.

42. Deux Hommes renfermés dans l'intérieur d'un pressoir; l'un d'eux monte à une échelle pour sortir par une lucarne. Les initiales du maître et la date 1781 sont sur un tonneau à droite. A la plume et au bistre.

BOISSIEU (J.-J. de)

43. Paysage, à droite une église. — Chaumières en planches, etc. 3 dessins au lavis d'encre de Chine.

44. Paysages des environs de Lyon. 4 dessins à la plume, au lavis de bistre et d'aquarelle. Un porte les initiales du maître et la date 1762.

45. La Fontaine de Choulan. Paysages et Études d'arbres. 3 dessins à la mine de plomb et au lavis de bistre. Le premier a été gravé par le maître.

46. Étude d'arbre. — Château en ruines. — Cour d'une maison avec un puits à droite, etc. 5 dessins à la plume au lavis de bistre et d'encre de Chine.

47. Études d'arbres, Paysages, etc. 5 dessins à la plume, au lavis d'encre de Chine et de bistre.

48. Place publique à Lyon. Vers la droite, deux saltimbanques montés sur des tréteaux amusent les spectateurs. Joli dessin au crayon ; les acteurs seuls sont lavés d'aquarelle.

49. Vues de différents monuments des environs de Lyon. 3 dessins à la plume et au lavis de bistre.

50. Vue des environs de Genève prise au confluent du Rhône le 20 août 1765. — Vue des glaces de Savoie et du Valais, dessinée auprès du lac de Genève et de la Porte de France. 2 dessins à la plume lavés d'aquarelle, signés en toutes lettres. Les inscriptions sont de la main de de Boissieu.

51. Vue de l'extrémité du glacier du Bois au fond de la vallée de Chamouny. — Vue de l'aiguille du Dru, de ses glaciers, et de la suite du glacier des Bois. — Cul-de-Sac du Cran, dessiné entre Rochefort et le Mont-d'Or. Suite de 3 dessins exécutés en 1765. Les inscriptions qui se trouvent au verso sont de la main du maître.

BOISSIEU (J.-J. de)

52. Vue d'une partie du village de Chamouny et du glacier des Bois. A la plume, lavé d'aquarelle. L'inscription est de la main du maître.

52 *bis*. Portrait de de Boissieu. Superbe dessin au crayon et à la sanguine, rehaussé de blanc. Il a été gravé par Claussin.

53. Portrait d'un jeune homme vu de profil et tourné vers la droite. Très-beau dessin à la sanguine.

53 *bis*. Portrait d'un jeune homme en buste, vu de profil et tourné vers la droite. Superbe dessin au crayon noir et à la sanguine.

54. Portrait d'un vieillard vu de profil et tourné vers la gauche. A la sanguine.

54 *bis*. Portrait de la servante de de Boissieu. Ce très-joli dessin à la sanguine a été gravé en grand par le maître.

55. Portrait en buste d'une vieille femme. Beau dessin à la mine de plomb, de forme ronde.

55 *bis*. Jeune femme assise allaitant son enfant. Très-beau dessin au crayon noir et au lavis d'encre de Chine. En haut de la droite le monogramme du maître.

56. Différents croquis d'hommes et de femmes sur la même feuille. Autre feuille semblable. 2 dessins à la plume et au lavis de bistre, montés sur la même feuille.

57. Grand nombre de croquis divers, dont beaucoup sur la même feuille. 8 dessins à la plume, dont un lavé de bistre.

BOISSIEU (J.-J. de)

58. Différentes études d'hommes et d'enfants. Études de têtes. 5 dessins au crayon noir, à la mine de plomb et à la sanguine.

59. Différentes Études et croquis divers. 5 dessins à la plume et au crayon noir.

60. Les Boxeurs. Deux compositions différentes d'après Cochin. A la plume et au lavis d'encre de Chine.

61. Vue prise aux portes de Lyon. Grand dessin au lavis d'encre de Chine.

BOISSIEU (CLAUDE-VICTOR de)

62. Paysage montagneux. A la plume, lavé d'aquarelle.

BOL et vanden EECKHOUT

63. Saint en prière. — Philosophe en méditation. — Soldat enchaînant un prisonnier, etc. 5 dessins à la plume, lavés d'encre de Chine et de bistre.

BOTH (ANDRÉ)

64. Scènes de Mendiants et de Magiciens. 2 dessins à la plume, au bistre et à la sanguine.

BOTH (JEAN)

65. Paysage, vers la droite deux grands arbres auprès d'un ruisseau que traverse un petit pont de bois. Beau dessin à la plume et à l'encre de Chine.

66. Paysage avec rivière couvrant une partie du premier plan, à droite un grand arbre. Beau dessin à la plume et à l'encre de Chine.

67. Paysages. 8 dessins à la plume et au crayon noir; plusieurs sont lavés d'encre de Chine et de bistre.

BOUCHER (F.)

68. Deux Jeunes Femmes assises, à leur côté un berger avec son troupeau. Beau dessin à la plume, au lavis de bistre et rehaussé de blanc. Encadré.

69. Portrait d'un poëte soutenu par deux nymphes appuyées sur une colonne. Beau dessin au crayon noir, rehaussé de blanc. Ce dessin a été gravé avec quelques changements; il est accompagné de la gravure.

70. Jeune mère donnant la bouillie à son enfant. A la plume et au bistre. Ce dessin est accompagné de la gravure.

71. La Nativité. Joli dessin au crayon noir rehaussé de blanc. Signé et daté de 1756. Il est accompagné de la gravure.

72. La même composition. Joli dessin à la plume lavé de bistre. Il est accompagné de la gravure.

73. La Flagellation du Christ. A la plume et à l'encre de Chine.

74. Paysages avec chaumières. 6 dessins aux divers crayons.

75. Intérieur rustique. — Amours. — Berger et Bergère au repos. — Études de tête et de main. 5 dessins à la plume, à l'encre de Chine et au crayon rouge.

76. Le Repas des bergers. Au crayon noir.

BOUCHER (Fr.), le fils

77. Ruines d'architecture, avec personnages sur le devant. Beau dessin de forme ronde; à la plume, lavé d'aquarelle.

BOUCHER (Fr.), le fils

78. Monuments d'architecture, avec personnages sur les devants. 4 dessins à la plume, lavés d'aquarelle.

BOURDON (Sébastien)

79. Cartouche destiné à un portrait d'ecclésiastique, soutenu par des Amours. A la plume lavé de bistre.

BRAY (S. de)

80. L'Annonciation. A la plume lavé d'encre de Chine. — Petit Paysage. A la plume lavé d'aquarelle. 2 dessins.

BREENBERG (B.)

81. Paysages et Monuments en ruines. 40 dessins à la plume, à l'encre de Chine et au bistre qui seront vendus sous ce numéro.

BREUGHEL DE VELOURS (J.)

82. Paysages et Marines. 44 dessins à la plume, à l'encre de Chine et au bistre, qui seront vendus sous ce numéro.

BRIL (Paul)

83. Paysages. Vues prises en Hollande. 47 dessins à la plume et au lavis de bistre et d'aquarelle, seront vendus sous ce numéro.

BRAUWER (Adrien)

84. Intérieur de Cabaret, avec Fumeurs et Buveurs. Très-beau dessin à la plume et au bistre.

85. La Danse au Cabaret. Dessin à la plume, lavé d'aquarelle.

BRAUWER (Adrien)

86. La Leçon de Musique. — Fumeurs et Buveurs. — 2 dessins au crayon noir, dont deux sur papier bleu.

BUONARROTI (Michel-Ange)

87. Étude d'hommes écorchés, squelettes d'hommes. Études de saints. 3 dessins à la plume.

BUONACORSI (Pierre), dit PERINO DEL VAGA

88. Ornements avec sujets allégoriques. Compositions pour plafond. 5 dessins à la plume et au bistre.

CALLOT (Jacques)

89. Fort attaqué et pris par M. le comte d'Harcourt et M. le marquis de Gesvres, entre Gravelines et Calais. Beau dessin à la plume et au bistre.

90. Un Prêtre suivi de quelques personnages, portant le Viatique à un malade. — Sujet de bataille. 2 dessins à la plume.

CALLOT (Attribué à Jacques)

91. Les Caprices. 28 dessins à la plume, sur vélin.

CAMPAGNOLA (Attribué à)

92. Paysages et Études d'arbres. 4 dessins à la plume et au bistre.

CANELETTI (Antonio)

93. Vue d'un Palais à Venise. A la plume, lavé d'encre de Chine.

CANTARINI (Simon), dit le PESARÈSE

94. Croquis pour différentes compositions. 2 dessins à la plume et à la sanguine.

CARRACHE (Annibal)

140 — 95. Écusson, soutenu par un Satyre et une Satyresse. Beau dessin au crayon, lavé d'encre de Chine et rehaussé de blanc. Ce dessin a été exécuté au palais Farnèse.

CASANOVA (F.)

9 — 96. Choc de Cavalerie. 2 dessins à la plume, au crayon noir, à l'encre de Chine et au bistre.

CHAMPAIGNE (Ph. de)

10 — 97. La Fuite en Égypte. — Études d'Anges. 2 beaux dessins à la sanguine, rehaussés de blanc.

CHARDIN (École de)

22 — 98. Intérieur de Chambre dans lequel est une jeune Femme assise. Joli dessin à la plume et à l'encre de Chine.

DENON (Vivant)

17 — 99. Croquis à la plume et au crayon noir. 10 dessins auxquels on a ajouté le portrait du maître gravé par lui (D'après Isabey.)

DESFRICHES (A. Th.)

50 — 100. Paysages avec chaumières, traversés par une rivière. 4 dessins à la plume et à l'encre de Chine. Deux sont signés et datés de 1762.

DIETRICY (Chr.-W.-Ern.)

32 — 101. Le Serpent d'airain. Très-beau dessin à la plume, lavé de bistre.

DIETRICY (Chr.-W.-Ern.)

3o — 102. Paysage traversé par une rivière. Beau dessin à la
la plume, lavé de bistre.

3o — 103. Le Christ descendant de la croix. — Le Marchand de
mort aux rats. — Paysages, etc. 8 Dessins à la plume
et aux divers crayons.

2o — 104. Prédication d'un saint. — Paysages et autres sujets.
5 dessins à la plume, au crayon noir et à l'encre de
Chine.

DOMINIQUIN (D. Zampièri, dit le)

24 — 105. La Communion de saint Jérôme. Joli dessin à la
plume, lavé d'encre de Chine et de bistre.

16 — 106. David jouant de la harpe. — Judith montrant au
peuple la tête d'Holopherne. 2 dessins de forme
ovale. A la plume, lavés d'encre de Chine et rehaussés
de blanc, sur papier bleu.

DOOMER (Jacques)

4o — 107. Vue de l'église Saint-Pierre de Nantes. — Vue du
Castel de Baugh. 2 dessins à la plume, lavés d'encre
de Chine et d'aquarelle.

DROLLING le père

11 — 108. Jeune femme assise dans un atelier et dessinant, auprès d'elle est son enfant. Joli dessin de forme ronde,
à la plume et au bistre.

DUGHET (Gaspard), dit le GUASPRE

106 — 109. Paysages. A la plume, à l'encre de Chine, au crayon
rouge et au bistre. 20 dessins qui seront vendus sous
ce numéro.

DUJARDIN (Karel)

110. Deux têtes de moutons. Peinture sur papier, en forme de frise.

111. Payages, animaux. — Vues prises dans la campagne de Rome. 12 dessins à la plume, à l'encre de Chine et au bistre qui seront vendus sous ce numéro.

DUMOUSTIER (D.)

112. Portrait de femme avec les cheveux hérissés. Superbe dessin au trois crayons. Il est ainsi que les suivants, signé au verso par J. Niel.

113. Portrait de cardinal, peut-être le cardinal de Sourdis. Superbe dessin aux trois crayons.

114. Portrait de femme avec la date de 1631, écrite de la main de Daniel Dumoustier. Superbe dessin aux trois crayons.

115. Portrait que l'on croit être la duchesse de Ventadour. Très-beau dessin aux trois crayons.

DUMOUSTIER (École des)

116. Portrait d'Érasme de Rotterdam. Portrait de femme avec un collier de perles, etc. 4 Dessins aux trois crayons.

DURER (Albert)

117. Paysage d'une vaste étendue, traversé par une rivière. A la plume.

DURER (École de)

118. Saint Jean. — Saint et sainte en extase. 4 Dessins à la plume.

DUSART (CORNEILLE)

119. Paysan roulant une brouette. A la plume et au bistre.

120. Intérieur d'une cuisine hollandaise. — Portraits d'homme et de femme. 3 Dessins à la plume, à l'encre de Chine et aquarelle.

DYCK (DANIEL vanden)

121. Bacchanale. Beau dessin à la plume, lavé de bistre et rehaussé de blanc ; il a été gravé par l'artiste.

ÉCOLE FRANÇAISE (XVIIᵉ siècle)

122. Entrée d'une forêt. Beau dessin au lavis de bistre.

ÉCOLE FRANÇAISE (XVIIIᵉ siècle)

123. La Fileuse. Joli dessin au crayon noir, lavé d'encre de Chine.

124. Figure allégorique déposant les insignes de la royauté aux pieds d'une reine. Dessin de forme ronde à la plume, lavé de bistre.

ÉCOLE ALLEMANDE

125. Une troupe de Comédiens dans un paysage, au milieu, un couple de danseurs. A la plume, lavé d'aquarelle.

126. Portrait du prince Maurice Ertinger. Beau dessin aux trois crayons.

EECKOUT (GERBRAND van den)

127. Paysage d'une vaste étendue ; dans le fond on aperçoit une ville. Beau dessin à la plume lavé d'aquarelle.

EISEN et **MONNET**

128. Sujets divers pour illustration de livres. 7 Dessins à la plume, au crayon noir et à l'encre de Chine.

ELLIGER (C.)

129. Sujets de la vie de Jésus-Christ. 12 Dessins à la plume et à l'encre de Chine.

ÉVERDINGEN (Albert van)

130. Un petit volume oblong, renfermant 44 dessins, Marines et paysages, peints à la détrempe, sur papier.

131. Château en ruines sur les bords d'une rivière. Beau dessin à la plume, lavé d'aquarelle.

132. Pays montagneux traversé par une rivière formant cascade sur le devant. Beau dessin au bistre, rehaussé de blanc.

133. Paysages. Suite de 4 dessins au crayon noir et à l'encre de Chine.

134. Paysages. 2 Dessins à la plume et au bistre.

135. Marine. — Paysage avec fabriques. 2 Dessins à l'aquarelle.

136. Paysages. 8 Dessins à la plume, 4 sont lavés d'encre de Chine.

137. Paysages et Marines. 6 Dessins à la plume et à l'encre de Chine.

138. Marines et paysages. 7 Dessins à la plume et au bistre.

FLAMEN (Albert)

139. Vues de châteaux de divers pays et paysages animés de figures. 15 dessins à la plume, lavés d'encre de de Chine.

FLINCK (Govert)

140. Portrait d'homme en cuirasse, recouvert d'un manteau d'hermine ; dans ses mains il tient le sceptre de la Justice. Beau dessin au crayon noir, lavé d'encre de Chine.

FRAGONARD (Honoré)

141. Berger ramenant son troupeau ; il est précédé de deux jeunes filles. Beau dessin à la plume, lavé de bistre.

FRANCK (J.)

142. Un Roi suivi de sa cour, en prière au pied d'un autel ; de l'autre côté est représenté le Pape suivi d'un grand nombre d'Évêques également en prière. Dessin au bistre rehaussé de blanc ; il a été gravé avec quelques changements.

GELÉE (Claude), dit le LORRAIN

143. Le Retour des champs. A la plume et au bistre.

144. Port de mer avec navires et personnages sur le devant. A la plume, lavé de bistre.

145. Monuments en ruines dans la campagne de Rome ; sur le devant des animaux couchés. Beau dessin à la plume et au bistre.

146. Mercure et Argus. Beau dessin à la plume, lavé d'encre de Chine.

147. Paysage : sur le devant à droite, deux grands arbres et divers personnages. A la plume et au bistre.

GELÉE (CL.)

148. Marines. 5 beaux dessins à la plume, lavés de
bistre.

149. Paysages ; études d'après nature. 6 dessins à la
plume et au bistre.

150. Paysages. 21 Dessins à la plume, au bistre et à l'encre de Chine qui seront vendus sous ce numéro.

GENOELS (A.)

151. Paysages. 2 beaux dessins à la plume, lavés d'a-
quarelle.

152. Vues de Parcs. 2 jolis dessins à la plume, lavés d'encre de Chine.

GILLOT (CLAUDE)

153. Sujets religieux. — Fêtes de Faunes et de Satyres,
etc. 18 dessins à la plume.

GOLTZIUS (H.)

154. Portrait de Hendrick Pots. A la plume et à la mine
de plomb, sur vélin.

GOUJON (J.)

155. Dessins pour décoration de monuments, plafonds,
frises, etc. 8 Dessins à la plume.

GOYEN (J. van)

156. Foire de village. Beau dessin à la plume, au bistre
et à l'encre de Chine.

157. Patineurs sur une rivière à l'entrée d'une ville.
Grand dessin au lavis d'encre de Chine.

GOYEN (J. van)

158. Le Marché aux poissons. — Charlatan sur une place, entouré de personnages. 2 Dessins à la plume, au crayon noir et à l'encre de Chine ; signés et datés 1625 et 1631.

159. Ferme entourée d'arbres ; sur le devant un homme monté sur un cheval. Beau dessin à la plume et à l'encre de Chine. Signé et daté 1653.

160. Cour de ferme. — Paysage traversé par un chemin que suivent deux paysans et leur chien ; vers la droite une chaumière et une grange à foin. 2 beaux dessins à la plume, lavés d'encre de Chine.

161. Deux vues de châteaux. — Chariot avec personnages au milieu d'un paysage. 3 Dessins à la plume et aux divers crayons.

GREUZE (J.-B.)

162. Études de femmes et d'enfants. 6 Dessins à la plume et à l'encre de Chine.

GUARDI (Francesco)

163. Vue de la place Saint-Marc. Superbe dessin à la plume lavé de bistre.

164. Vue de la même place, prise d'un autre côté. Très-beau dessin à la plume, lavé de bistre.

165. Vue d'une Église sur le grand Canal à Venise. Beau dessin à la plume et au bistre.

166. Vue de différents palais sur le grand canal. Beau dessin à la plume et au bistre.

GUARDI (Francesco)

167. Arc de Triomphe au travers duquel on aperçoit divers palais. Beau dessin à la plume, lavé de bistre et d'aquarelle.

168. Palais en ruines ; sur le devant quelques personnages. Beau dessin à la plume, lavé de bistre.

169. Vues de Venise. 5 dessins à la plume, lavés de bistre, qui seront vendus sous ce numéro.

GUERCHIN (J.-F. Barbieri, dit le)

170. Paysages et sujets divers. 28 huit dessins à la plume et au bistre qui seront vendus sous ce numéro.

HACKAERT (J.)

171. Paysages d'une vaste étendue. 2 beaux dessins à la plume et au bistre, lavés d'encre de Chine. Signés.

172. Paysages. 3 dessins à la plume, au bistre et à l'encre de Chine.

HELMONT (Van)

173. Fête de village : vers la gauche un groupe de personnages à table ; dans le fond à droite on aperçoit des danseurs. A la plume, lavé d'encre de Chine.

HOLLAR (W.)

174. Paysage avec rivière, sur le premier plan vers la gauche une barque. A la plume.

HOOGSTRATEN (Samuel van)

175. Jésus chez Marthe et Marie. Beau dessin à la plume, lavé de bistre.

HUET (J.-B.)

176. Paysages avec études d'arbres. 2 très-beaux dessins à la plume, lavés d'encre de Chine et de bistre.
Signés.

177. Études d'arbres. — Paysage avec cours d'eau. 2
dessins à la plume, au crayon noir et à l'encre de
Chine.

HUET (J.-B.) et JULIEN, de Toulouse

178. Le Sommeil de Vénus, au crayon noir rehaussé
de blanc, sur papier bleu. — La Nativité, à la plume
et au bistre. 2 dessins.

JEAURAT (Ét.)

178 *bis*. Vénus et l'Amour. — Autre sujet formant pendant. 2 très-jolis dessins de forme ronde, au crayon
noir, rehaussés de blanc, sur papier bleu.

JORDAENS (J.)

179. Sainte Famille ; la Vierge tient l'Enfant Jésus sur ses
genoux. A la plume, lavé d'aquarelle.

180. La Nativité. Très-beau dessin à la plume et à l'aquarelle, rehaussé de blanc.

181. Un Saint distribuant des aumônes aux pauvres.
Beau dessin aux crayons rouge et noir ; légèrement
lavé d'encre de Chine.

182. Sujet tiré de la vie de saint Paul. Composition d'un
grand nombre de personnages. Beau dessin au
crayon noir et à la sanguine.

183. Le Satyre chez le Paysan. Beau dessin aux divers
crayons, lavé d'aquarelle.

JORDAENS (J.)

184. Le même sujet. Composition toute différente. Beau dessin à la plume, au bistre et rehaussé de blanc.

185. Sujets allégorique. Beau dessin au crayon, lavé d'aquarelle.

186. Le Concert. Très-beau dessin au bistre, légèrement lavé d'aquarelle.

187. Vieille femme en prière. — Mercure et Argus. — Tête d'homme, etc. 5 dessins aux divers crayons.

KOBELL (H.)

188. Marine avec vaisseaux de guerre. A la plume, lavé d'encre de Chine.

KONING (Ph. de)

189. Prédication d'un saint. Joli dessin à la plume et au bistre.

KOOGEN (L. vander)

190. Soldat vu de dos. — Paysanne vue de face, tenant une cruche à la main. 2 dessins au crayon noir, lavés de bistre.

LAAN (J. vander)

191. Grands arbres au bord d'un chemin que parcourent un paysan avec son enfant, suivis d'un chien. Beau dessin à la plume, lavé d'encre de Chine.

LAGNEAU

192. Portrait d'homme avec barbe, la tête couverte d'une calotte bordée de fourrure. Beau dessin aux trois crayons ; il est signé au verso J. Niel.

LAGNEAU

193. Portrait d'un magistrat sous Louis XIII. Beau dessin aux trois crayons. Il est signé au verso J. Niel, ainsi que le suivant.

194. Autre portrait de Magistrat de la même époque. Aux trois crayons.

LAGRENÉE (J.-J.)

195. Composition allégorique. Grand dessin au lavis de bistre.

196. Composition d'ornement pour un plafond. Beau dessin à la plume et au bistre.

LANTARA (S.-M.)

197. Paysages. 11 dessins au crayon noir qui seront vendus sous ce numéro.

LAPIERRE (P.)

198. Paysages. 2 dessins faisant pendant; à la plume, lavés d'encre de Chine.

LARUE (L.-F. de)

199. Bacchanales d'enfants, sujets allégoriques, etc. 15 dessins à la plume et au bistre seront vendus sous ce numéro.

LE BAS (J.-P.)

200. Intérieur d'une boutique de marchand. Au crayon noir, lavé.

LE BRUN (Cʜ.)

201. Armoiries entourées d'ornements , de figures de Femmes et d'Amours. A'la plume, lavé de bistre et d'encre de Chine.

LECLERC (Sᴇ́ʙᴀsᴛɪᴇɴ)

202. Sujets historiques, Costumes et Ornements. 14 Dessins à la plume et aux divers crayons.

LÉONI (O.)

203. Portraits de Femmes. 2 très-jolis dessins au crayon noir.

LE PRINCE (J.-B.)

204. Études de Têtes d'hommes et de femmes. Beau dessin à la sanguine.

205. Campement de Marchands russes, — la Levée du camp. 2 dessins à la plume, au bistre et à la mine de plomb.

LE SUEUR (Eᴜsᴛᴀᴄʜᴇ)

206. Étude pour la figure de l'Égalité. Au crayon noir rehaussé de blanc.

LEYDE (Attribué à L. de)

207. La Vierge avec l'Enfant Jésus, debout dans une niche. — Portrait d'homme. 2 dessins à la plume et au bistre.

LINGELBACH (Jᴇᴀɴ)

208. Vue d'une Allée du Parc de Versailles. A la plume et au bistre.

LIVENS (J.)

209. Paysages, dont un avec figures et animaux. 2 dessins à la plume et au bistre.

210. Paysages. — 2 très-beaux dessins à la plume. Lavés de bistre.

211. Chien couché sur un coussin. — Cinq hommes enveloppés dans de grands manteaux. 2 dessins à la plume et au bistre.

MAAS (Nicolas)

212. Portrait d'un jeune Homme. Beau dessin à la plume, lavé d'encre de Chine, sur vélin.

MANGLARD (Adrien)

213. Vénus entourée d'Amours, composition pour un plafond. Beau dessin à la plume, lavé d'aquarelle.

MARÉCHAL

214. Vues du Luxembourg et de l'École militaire. 4 dessins à la plume, lavés de bistre, signés et datés de 1786.

MEER (Jean vander)

215. Moutons dans une prairie ; vers la droite, 2 troncs d'arbre. Beau dessin au crayon noir lavé d'aquarelle.

MEULEN (A. vander)

216. Défilé de carrosses attelés de 6 chevaux ; dans le fond on aperçoit une foule considérable. Au crayon noir et à l'encre de Chine.

MEULEN (Sivert vander)

217. Marines. 10 dessins à la plume, lavés d'encre de Chine.

MICHALLON (A. Etna).

218. Paysage. Sur le devant est représenté Bélisaire retrouvé par un soldat romain. Beau dessin à la plume lavé de bistre et rehaussé de blanc.

MIERIS (Frans van)

219. Portrait de Daniel Heinzius. A la plume, lavé d'encre de Chine.

MIGNARD (P.)

220. Tête de Vierge. Joli dessin aux trois crayons.

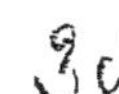

221. Saint Charles donnant la communion aux pestiférés de Naples. A la plume et au bistre. Première pensée du tableau de Mignard peint pour le maître-autel de Saint-Charles Cantenari, à Naples.

MILATZ (F.-A.)

222. Paysage. Sur le devant, vers la gauche, un bouquet de grands arbres. A la plume, lavé d'aquarelle.

MILLET (Francisque)

223. Paysages. 16 Dessins au crayon noir, à la plume; lavés d'encre de Chine et de bistre, seront vendus sous ce numéro.

MINIATURES

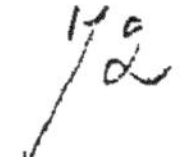

224. La Présentation au Temple, — l'Adoration des Mages, etc. 5 belles Miniatures sur vélin, avec entourages d'ornements.

MOLA (F.)

225. Repos en Égypte. A la plume, lavé d'encre de Chine et de sanguine.

MOLYN (P. de)

226. Ruines d'architecture. A la plume, lavé d'encre de Chine.

227. Paysages. 2 très-jolis dessins au crayon noir et à l'encre de Chine ; signés et datés 1654 et 1655.

228. Paysages animés de figures. 5 très-jolis dessins au crayon noir, légèrement lavés d'encre de Chine. Signés.

229. Monuments en ruines. — Marine et Paysages. 5 dessins au crayon noir et à l'encre de Chine. Signés.

230. Paysages avec Chaumières et Figures. 6 dessins au crayon noir et à l'encre de Chine. Plusieurs sont signés.

MOOR (C. de)

231. Portrait de Femme. Beau dessin au crayon noir et à l'encre de Chine.

MOREAU (L.-G.)

232. Paysages. 3 dessins à la plume au crayon noir. Deux sont lavés d'aquarelle.

MOREAU (J.-M.) le jeune

233. Tullie ordonnant de faire passer son char sur le corps de son père. Très-beau dessin à la plume et au lavis de bistre ; il a été gravé par Simonet.

MOREAU le jeune (Attribué à)

234. La Toilette de Vénus. Beau dessin à la plume et au bistre.

MOUCHERON (J.)

235. Ruines de Rome, — Vues de Tivoli. 3 dessins à la plume et à l'encre de Chine.

236. Paysages pris dans la campagne de Rome. 2 dessins à la plume, à l'encre de Chine et au bistre.

237. Vue intérieure d'un Parc. Beau dessin à la plume, lavé d'aquarelle.

238. Paysages. 4 dessins au crayon noir, lavés d'encre de Chine.

239. Intérieur de Parcs. 2 très-jolis dessins à la plume, lavés de bistre et d'encre de Chine.

MOUCHERON (F.)

240. Paysage d'une vaste étendue. A droite, une montagne ; au sommet, un château. A la plume, lavé d'encre de Chine.

241. Paysage. Sur le devant, au bord d'une rivière, un grand arbre. Beau dessin à la plume, lavé d'encre de Chine et de bistre.

242. Paysages en hauteur, traversés par une rivière. — Paysage en largeur avec cascade sur le devant et un Homme couché. 3 dessins à la plume, lavés d'encre de Chine. Signés.

NANTEUIL (Robert)

243. Portrait de Catherine Bernard. Joli dessin aux trois crayons.

NATOIRE (C.)

244. Sujets bibliques et mythologiques, Paysages d'Italie, Études de tête, etc. 11 dessins à la plume et aux trois crayons; plusieurs sont lavés d'encre de Chine et de bistre. Seront vendus sous ce numéro.

NETSCHER (G.)

245. Portrait d'une Dame; elle est jusqu'aux genoux, vue de trois quarts, tournée à droite. Portrait d'homme coiffé d'une perruque. 2 dessins au lavis de bistre.

NEYTS (G.)

246. Paysages. 13 dessins à la plume. Plusieurs sont lavés d'encre de Chine et d'aquarelle.

OMMEGANCK (B.-P.)

247. Troupeau de Vaches, Chèvres et Moutons, au milieu d'un paysage et conduits par une Bergère montée sur un âne. Beau dessin à la plume, lavé d'encre de Chine et un peu d'aquarelle. Signé.

OSTADE (Adrien van)

248. Les Harangueurs. Ce beau dessin, à la plume et à l'encre de Chine, a été gravé par le maître. Il est signé dans le bas de la droite.

249. La Cruche vide. Composition analogue à celle gravée par le maître. Beau dessin à la plume, lavé de bistre.

OSTADE (Adrien van)

250. Intérieur de Chaumière, avec quatre Fumeurs et Buveurs. Beau dessin à la plume et à l'encre de Chine.

251. Chaumières. 2 dessins à la plume, lavés d'aquarelle.

252. Paysan assis, vu de dos, — Paysan vu de face et marchant. — La Lessiveuse. 3 dessins à la plume, au bistre et à l'aquarelle.

OSTADE (Isaac van)

253. Intérieur de Cabaret, avec Fumeurs et Buveurs. Superbe dessin de forme ovale. A la plume, lavé d'aquarelle.

254. Famille villageoise dans un intérieur rustique. — Place publique avec un grand nombre de personnages. 2 très-beaux dessins en largeur, à la plume et au bistre.

255. Paysages, — Intérieur de chaumière, etc. 4 dessins à la plume, au crayon noir, à l'encre de Chine et à l'aquarelle.

OUDRY (J.-B.)

256. Vues prises dans le parc d'Arcueil. Suite de 7 très-beaux dessins au crayon, noir et blanc; sur papier bleu.

257. Chien de chasse en arrêt. Beau dessin aux trois crayons, sur papier bleu.

258. Têtes de Béliers. Beau dessin aux trois crayons.

259. Fontaine entourée de Gibier mort et de Chiens. Superbe dessin au crayon noir et blanc, sur papier bleu.

OUDRY (J.-B.)

260. Chien poursuivant des Canards. Beau dessin aux crayons noir et blanc; sur papier bleu.

261. Étude de paysage. Joli dessin aux trois crayons.
262. Paysages, — Chien mort, etc. 4 dessins.

PALMA (JACOPO)

263. Jésus descendant aux Limbes. A la plume et à l'encre de Chine, rehaussé de blanc.

PARMESAN (FRANCESCO-MAZUOLI, dit le)

264. La Vierge et l'Enfant Jésus, — Études de Têtes, etc. 3 dessins à la plume et au bistre.

PARROCEL (CH.)

265. Portrait équestre. Aux trois crayons.

PERELLE

266. Vues d'un Château. 2 dessins à la plume.

PERIGNON (N.)

267. Vues d'un village et d'une île près la Roche-Guyon. 2 dessins à la plume, lavés d'aquarelle.

PERUZZI (B.)

268. La Sortie de l'Arche de Noé. Beau dessin à la plume, lavé de sépia.

PETERS (J.)

269. Marine; vers la gauche un navire est échoué, — Por
de mer; vers la gauche des monuments en ruines.
2 beaux dessins à la plume, lavés d'encre de Chine.

PILLEMENT (J.)

270. Paysages avec figures et animaux. 2 dessins au
crayon noir, signés et datés 1771.

PŒLENBURG (C. van)

271. Paysage avec Ruines; sur le devant deux personnages. — Autre Paysage avec ruines, au milieu un
pont. 2 dessins à la plume et au bistre.

272. Le Christ en croix. — la Sainte Vierge sur les nues.
— Nymphes et Satyre. 4 dessins à la plume,
au bistre et au crayon rouge.

273. Monuments d'architecture en ruine. 4 beaux dessins
à la plume et au bistre.

274. Ruines d'architecture. 5 dessins à la plume et au
bistre.

PORBUS

275. Seigneurs en adoration devant la Vierge. A la plume
et au lavis de bistre.

POUSSIN (Nicolas)

276. Création d'Ève d'après Michel-Ange. — Saint Jean
prêchant. — Le Jugement de Salomon, etc. 7
dessins à la plume et au bistre.

POUSSIN (Nicolas)

277. Prédication de saint Jean. Beau dessin à la plume, lavé de bistre.

278. Croquis pour différentes compositions. Beau dessin à la plume, au recto et au verso.

279. Paysages. 32 dessins à la plume, au bistre et à l'encre de Chine, qui seront vendus sous ce numéro.

PUGET (P.)

280. Dessin du navire Argos. A la plume et au lavis de bistre. A droite, une description du navire et les noms des héros grecs qui composaient l'expédition pour la conquête de la Toison d'or. Cette inscription est écrite de la main du maître.

PUJOS

281. Portraits de jeunes garçons. 2 dessins au crayon noir, signés et datés de 1773 et 1774.

REMBRANDT (Paul van Rhyn)

282. Abraham avec Isaac. Le Baptême de l'Eunuque. 2 dessins à la plume lavés de bistre.

283. Vieillard assis devant une cheminée. — L'Ange disparaissant devant la famille de Tobie. 2 dessins à la plume et au bistre.

284. Croquis pour compositions allégoriques. 2 dessins à la plume et au bistre.

285. Paysage avec chaumières. A la plume, lavé de bistre.

286. Paysages. 2 dessins à la plume, lavés de bistre et d'aquarelle.

REMBRANDT (Paul van Rhyn)

287. Mariée juive. — Jeune Femme assise. 2 dessins à la plume, lavés de bistre.

288. Portraits et compositions diverses. 13 dessins à la plume et au bistre seront vendus sous ce numéro.

ROBERT (Hubert)

289. Entrée d'un riche Palais; sur le devant, quelques personnages. Beau dessin à la plume et à la sanguine.

290. Murs d'un Palais que l'on aperçoit au travers d'une arcade; sur le devant, quelques personnages. Beau dessin à la plume, lavé d'aquarelle. Signé.

291. Une Rivière traversée par un pont qui conduit à un palais; vers la droite une fontaine où deux femmes puisent de l'eau. Beau dessin à la plume lavé d'aquarelle.

292. Palais en ruines orné de statues; sur le devant quelques personnages. Beau dessin à la plume et au bistre, lavé d'aquarelle.

293. Vue du château de Gaillon; maison de campagne de Mgr l'archevêque de Rouen. Beau dessin à la plume, au bistre et à l'encre de Chine.

294. Derrière du Palais des empereurs à Rome. Au crayon noir, à l'encre de Chine et à la sanguine.

295. Vue de la villa Negroni. Beau dessin au crayon noir, à l'encre de Chine et à la sanguine, lavé d'aquarelle.

296. Paysage au milieu duquel est une fontaine où deux femmes puisent de l'eau. Beau dessin à la plume lavé d'aquarelle.

ROBERT (Hubert)

297. Colonnade de saint Pierre à Rome. A la plume, lavé d'aquarelle.

298. Entrée d'un Palais; sur le devant une statue équestre et un obélisque. A la plume lavé d'aquarelle.

299. Vue d'un grand nombre de monuments en ruines. A la plume lavé de bistre.

300. Démolition d'un palais; sur le devant, trois hommes roulent des colonnes. A la plume et à l'aquarelle.

301. Intérieur d'une prison. Joli dessin à la plume, lavé d'encre de Chine.

302. Vue de Rome. 3 dessins à la plume, au bistre et à l'aquarelle.

303. Coin de la ville d'Est. Paysages avec ruines, etc. 4 dessins à la plume et aux divers crayons.

ROGHMAN (R.)

304. Entrée d'une forêt. Beau dessin au crayon et à l'encre de Chine.

305. Paysages avec figures. 3 dessins à la plume, lavés d'encre de Chine.

ROMAIN (J. Pippi, dit Jules)

306. Études de guerriers. 2 dessins à la plume, lavés de bistre.

ROMAIN

307. Paysages avec figures d'hommes et d'animaux. 2 dessins à la plume, au lavis et rehaussés de blanc, signés et datés de 1775.

ROMEYN (W.)

308. Berger au repos avec son troupeau; vers la gauche, un bœuf qui s'abreuve. Beau dessin à la plume, lavé d'encre de Chine.

ROOS (H.)

309. Études d'animaux et figures diverses. 9 dessins à la plume, au bistre, à l'encre de Chine et au crayon, seront vendus sous ce numéro.

ROOS (Philippe), dit ROSA DE TIVOLI

310. Bœuf et moutons à l'abreuvoir. Beau dessin à la sanguine.

311. Bergers gardant leurs troupeaux. 2 dessins à la plume, au lavis de bistre et d'encre de Chine.

ROSSI

312. Son portrait; il est représenté dessinant. A la sanguine, signé et daté 1769.

ROSSO (Del), dit MAITRE ROUX

313. Niobé et ses enfants. Beau dessin à la plume, lavé de bistre.

RUBENS (P.-P.)

314. La Vierge avec l'enfant Jésus sur ses genoux. Aux trois crayons.

RUBENS (P.-P.)

315. La Madeleine repentante. Sainte Véronique, etc. dessins au crayon noir, à la plume et au bistre.

316. Pastorale où sont trois bergers et trois bergères. Beau dessin à la plume, lavé d'encre de Chine, de bistre et rehaussé de blanc. Ce dessin a été gravé par Thomas. Voir le cat. de l'œuvre de Rubens, par Basan, p. 123.

317. La rencontre de Vénus et d'Énée. Beau dessin au crayon rouge.

318. Académie d'homme attaché à un tronc d'arbre. Beau dessin au crayon noir et à la plume. Il a été gravé.

RUYSDAEL (Jacques)

219. Paysage ; à gauche une ferme avec cour fermée de planches. A la plume et à l'encre de Chine. Au bas, à droite, les initiales du maître.

320. Paysage traversé par une route que suivent un cavalier et des piétons. A la plume et à l'encre de Chine. En bas à gauche, les initiales du maître.

321. Bouquet d'arbres sur les bords d'une route. A la plume et à l'encre de Chine.

322. Chaumières sur une petite montagne ; une rivière couvre tout le devant. A la plume et à l'encre de Chine. En bas à gauche, les initiales du maître.

SAFTLEVEN (Herman)

323. Le Repas des moissonneurs. — Les Bûcherons. —
Entrée d'un village avec buveurs à la porte d'un
cabaret. — Paysage d'une vaste étendue. Suite de
4 magnifiques dessins à la plume, lavés d'aquarelle. Ils portent les initiales du maître et la date
de 1677.

324. Vue du Rhin : à droite un château en haut d'une
petite montagne. Beau dessin au crayon, lavé d'encre
de Chine et d'aquarelle. Il porte les initiales du
maître.

325. Autre vue du Rhin : sur le devant des pêcheurs et
leurs bateaux. Beau dessin au crayon, lavé d'encre de
Chine et d'aquarelle. Il porte les initiales du maître.

326. Vues du Rhin. 2 dessins au crayon noir et au
lavis d'encre de Chine et d'aquarelle. Ils portent les
initiales de l'artiste.

327. Le Paysage au grand arbre. Ce beau dessin au
crayon noir et au lavis de bistre a été gravé par le
maître. (B. t. I, p. 256, n° 28.) Il est accompagné de
l'estampe.

328. Paysage : sur le devant un bouquet de trois grands
arbres, à droite un paysan avec un sac sur son dos.
Beau dessin au crayon noir et au lavis de bistre.
Signé et daté de 1647.

329. Paysage : sur le devant une femme tire de l'eau à un
puits entouré de planches. Très-beau dessin au
crayon noir et au lavis de bistre. Signé et daté
de 1648.

330. Paysage avec figures; au milieu deux troncs d'arbres.
Beau dessin au crayon noir et au lavis d'encre de
Chine et de bistre. Signé et daté de 1650.

SAFTLEVEN (Herman)

331. Paysage avec une rivière traversée par un pont de bois conduisant à un rocher sur lequel est un arbre à moitié déraciné. Beau dessin au crayon et au lavis d'encre de Chine et de bistre. Il est signé et daté de 1648.

332. Paysage montagneux, traversé par une rivière et un chemin que suivent plusieurs paysans; celui qui est le plus près du devant porte une hotte sur son dos. Beau dessin au crayon noir et au lavis d'encre de Chine et de bistre. Il est signé et daté de 1648.

333. Paysage avec figures; au milieu sur un monticule de terre est un arbre à moitié déraciné et rompu par le milieu. Beau dessin au crayon au lavis d'encre de Chine et de bistre. Il est signé et daté de 1648.

334. Paysage traversé par un chemin creux que suit un paysan avec un sac sur le dos; à droite des arbres dont les racines sont découvertes. Beau dessin au crayon et au lavis de bistre et d'encre de Chine. Signé et daté de 1650.

335. Entrée d'un village: sur le devant sont trois hommes dont un vers la droite. Beau dessin au crayon, au lavis de bistre et d'encre de Chine. Signé et daté de 1650.

336. Paysage montagneux: dans le fond la vue d'une petite ville. Beau dessin au crayon noir et au lavis de bistre. Il est signé et daté de 1649.

337. Entrée d'un village; à gauche on aperçoit des moulins
338 Au crayon noir et au lavis de bistre.

SAFTLEVEN (Herman)

338. Rocher formant voûte au travers de laquelle on aperçoit un paysage d'une vaste étendue ; sur le devant des joueurs de boule. Beau dessin au crayon noir et au lavis de bistre. Il est signé de W. Esdaile.

339. Paysage traversé par une rivière; dans le fond une vue de ville. — Cours d'eau traversé par un pont de bois. 2 dessins au crayon noir et au lavis de bistre. Un porte les initiales du maître.

340. Paysage d'une vaste étendue, à gauche des vendangeurs. Joli dessin au lavis d'encre de Chine et de bistre. Signé et daté de 1667.

341. Vues d'une ville de Hollande. 2 dessins au crayon noir, lavés de bistre et d'encre de Chine.

342. Entrée d'un village. — Études d'arbres. 2 dessins au crayon et au lavis de bistre et d'encre de Chine.

343. Vue du château de Nyenrode, entre Amsterdam et Utrecht. Au crayon noir et au lavis de bistre.

344. Petits paysages au bord d'une rivière; sur le devant des ouvriers construisent des bateaux. 2 dessins au crayon noir et au lavis d'encre de Chine.

345. Petits paysages avec rivières et bateaux. 4 dessins au crayon noir et au lavis de bistre.

346. Vues de différents petits ports des environs d'Utrecht. Cinq dessins au crayon et au lavis de bistre. Ils portent les initiales du maître.

347. Entrée d'un village.— Rivière traversée par un pont; sur le devant un bateau que des mariniers déchargent. Au crayon noir et au lavis de bistre.

SAFTLEVEN (Herman)

348. Petits ports et vues de Hollande. 5 dessins au crayon noir et au lavis de bistre.

349. Vues d'Utrecht. 3 dessins au crayon noir, au lavis d'encre de Chine et de bistre.

350. Sous ce numéro il sera vendu 38 dessins du maître, paysages et autres sujets.

SAFTLEVEN (C.)

351. L'Annonciation aux bergers. — Cour de ferme avec animaux. 2 dessins à la plume et au lavis de bistre et d'encre de Chine.

352. Études d'hommes et d'animaux. 10 dessins aux divers crayons.

SAINT-AUBIN (G. de)

353. Intérieur de la chapelle de Versailles. Beau dessin à la plume, lavé de bistre et rehaussé de blanc.

354. Études et croquis sur une même feuille. Beau dessin au crayon noir, à la plume et au lavis de bistre.

355. Cartouche entouré d'Amours et de femmes nues ; au milieu est écrit : Recueil de différents airs d'opéras, etc., dédiés à madame la Marquise de Villeroi. A la mine de plomb. — Autre Cartouche ornementé pour un livre de clavecin. A la plume et au bistre. Ce dernier est par un maître anonyme du XVIIIe siècle.

SAINT-AUBIN (A. de)

356. Homme debout et vu de dos. Au crayon noir.

SALVIATI (F.)

357. Sujets tirés de la vie de saint Dominique. 15 dessins à la plume, lavés de bistre.

SANZIO (Raphael)

358. L'Adoration des Rois. Très-beau dessin à la plume, au lavis de bistre et d'encre de Chine, rehaussé de blanc. Provient des cabinets Crozat, Pelletant, d'Argenville et St-Morys. Il a été gravé en 1779 par L. Sommerau et a été adjugé au prix de 1,700 fr. Encadré.

359. Étude de femme avec draperie. Beau dessin à la plume, rehaussé de blanc.

360. Etudes de têtes de Vierge. Joli dessin à la plume, au recto et au verso.

361. Le Christ mis au tombeau. — Saint-Jérôme. — Paysage, etc. 7 dessins à la plume, au bistre et à la sanguine.

SCHMIDT (G.-F.)

362. Son portrait. Très-joli dessin aux trois crayons.

SILVESTRE (Israel)

363. Vue et perspective de la place de Saint-Marc de Venise. Vues de châteaux. 3 dessins à la plume, dont un lavé d'encre de Chine.

STALBENT (Adrien)

364. Paysages. 3 beaux dessins à la plume et au bistre.

STEEN (J.)

365. Buveurs au cabaret. Beau dessin à la plume, lavé d'encre de Chine. Il porte la marque de W. Esdaile.

STELLA (CL.)

366. Portrait de Claudine Bousonnet, nièce de Stella. Très-joli dessin aux trois crayons.

STOOP (DIRK OU THÉODORE)

367. Chevaux de selle qu'on rentre à l'écurie; à droite, un groupe de personnages. Au crayon noir lavé d'aquarelle.

368. Cheval que l'on tient par la bride. — Cheval que l'on abreuve. — Chevaux que l'on rentre à l'écurie. 3 dessins à la plume, lavés d'encre de Chine.

STORCK (A.)

369. Port d'Italie; à droite, une église. — Autre port d'Italie; à droite, la colonnade d'un palais. 2 beaux dessins à la plume, lavés d'encre de Chine.

370. Combat naval. — Marine par un temps d'orage. 2 dessins à la plume et à l'encre de Chine.

STRY (JACQUES van)

371. Vieille femme assise à une fenêtre; à son côté, une jeune fille coiffée d'un chapeau à grands bords. Beau dessin au crayon noir, lavé d'encre de Chine.

SWANWELT (H.)

372. Paysage traversé par une rivière. Vers la droite, un moine lisant dans un livre. Beau dessin à la plume et à l'encre de Chine.

SWANWELT (H.)

18 - 373. Paysage animé de figures; vers la gauche, deux grands arbres. A la plume et au bistre.

19 - 374. Grands arbres au bord d'une rivière. A la plume et au bistre. — La même composition. A la plume et à l'encre de Chine. 2 dessins.

40 - 375. Études de paysages pris en Italie. 32 dessins au crayon noir.

TIBALDI (PELLEGRINI, dit)

13 - 376. Saint Jérôme et Sainte Catherine. Beau dessin à la plume, lavé d'encre de Chine et rehaussé de blanc.

TITIEN et CARRACHE)

20 - 377. Saint Jérôme. — Études d'arbres, etc. 4 dessins à la plume.

TROSCHEL (HANS)

13 - 378. Un Roi avec tous les personnages de sa cour en adoration devant la Vierge. Beau dessin à la plume, lavé de bistre.

UDEN (LUCAS van)

60 - 379. Paysage traversé par une rivière qui couvre tout le premier plan. Ce beau dessin à la plume, à l'encre de Chine et rehaussé de blanc a été gravé.

23 - 380. Paysage d'une vaste étendue; vers la gauche, deux grands arbres et une église. — Paysage montagneux; dans le fond un village. 2 dessins à la plume, lavés d'aquarelle.

UDEN (Lucas van)

30 - 381. Études d'arbres. 2 beaux dessins à la plume et au bistre, lavés d'encre de Chine.

49 - 382. Paysages. 5 dessins à la plume et à l'aquarelle, qui seront vendus sous ce numéro.

ULFT (A. vander)

16 - 383. Ruine du palais des Césars. A la plume, lavé de bistre.

ULIET (J.-G.)

36 - 384. Paysages avec chaumières et rochers au sommet desquels est une église. 2 dessins à la plume et au bistre.

VAEL (C. de)

13 - 385. Soldats au repos. A la plume et au bistre.

VANNI (Fr.)

30 - 386. Saint en extase devant la Vierge. A la plume, lavé d'aquarelle.

VASARI (G.)

387. Jésus remettant les clefs du paradis à saint Pierre. Beau dessin à la plume, lavé de bistre.

VELDE (A. van de)

20 - 388. Étude de chasseurs et de patineurs. Joli dessin à la mine de plomb.

VELDE (G. van de)

389. Vue de la rade de Rotterdam. — Vue d'un port de mer. 2 dessins à la plume et au bistre.

390. Marine avec navires de guerre. A la plume, lavé d'encre de Chine.

VELDE (J. van de)

391. Petites vues de villes de Hollande. 4 dessins au crayon et au lavis de bistre.

VERBOOM (A.)

392. Paysage; sur le devant un grand arbre. A la plume, lavé d'encre de Chine.

VERNET (J.)

293. Cartouche d'ornements, pour frontispice. Joli dessin à la plume et à l'encre de Chine.

394. Paysages traversés par des rivières, où des pêcheurs retirent leurs filets. 6 dessins au crayon noir, à la plume et au bistre; plusieurs sont signés.

395. Croquis divers. 21 dessins à la plume et au crayon noir.

VERSCHURING (H.)

396. Halte de cavaliers. — Le retour du voyageur. 2 dessins à la plume et à l'encre de Chine; l'un est signé et l'autre porte les initiales du maître.

VIEN (J.-M.)

397. Vue de la cascade de Tivoli. Aux crayons noir et blanc; sur papier bleu.

VISSCHER (C.)

398. Portrait d'une jeune fille en buste, la tête couverte d'un foulard. Au crayon noir.

VLIEGER (S. de)

399. Port de mer avec pêcheurs sur le devant ; vers la gauche, un clocher de village. Beau dessin à la plume, lavé de bistre ; signé et daté 1632.

400. Château-fort au bord d'une rivière. Beau dessin au crayon noir, lavé d'encre de Chine. Signé.

401. Marine ; sur le devant, un bateau chargé de marchandises. — Plage avec pêcheurs et bateaux. 2 dessins au crayon noir, à la plume et à l'encre de Chine.

402. Rochers au bord de la mer. Au bistre, rehaussé de blanc.

403. Étude de chiens couchés. Au crayon noir.

WATTEAU (Antoine)

404. Têtes d'hommes et de femmes, sur la même feuille ; sur le devant, une femme assise, vue de dos. Aux trois crayons. Ce magnifique dessin, ainsi que le numéro suivant, ont fait partie d'une suite dont quelques-uns sont conservés au musée du Louvre.

405. Différentes études ; à droite, Arlequin ; à gauche, un croquis pour la finette jouant de la mandoline, dont le tableau est dans la collection Lacaze. Magnifique dessin aux trois crayons.

406. Trois études de militaires. Joli dessin à la sanguine.

WATTEAU (Ant.)

407. Portraits d'hommes, d'après un maître de l'école flamande. 2 dessins au crayon noir et à la sanguine.

408. Étude d'homme debout, couvert d'un manteau qui tombe à terre ; il tient de ses deux mains un poignard attaché à sa ceinture. Aux trois crayons.

409. Jeune Chinoise s'amusant à faire jouer un chat. A la sanguine.

410. Le jeu des échecs. — Le départ pour la promenade. 2 dessins à la sanguine.

411. Paysage. — Étude de tête d'après Rubens. — Etude d'homme assis. — Pierrot et Arlequin. 4 dessins à la sanguine.

412. Études de têtes et de draperies. 5 dessins aux divers crayons.

WATERLOO (Ant.)

413. Paysage avec cascade. — Le lever et le coucher du soleil. 3 dessins au crayon et à l'aquarelle.

414. Entrée d'une forêt. — Paysages. 3 dessins à la plume et à l'encre de Chine.

415. Paysages montagneux et autres. 5 très-grands dessins au crayon noir et à l'encre de Chine.

WERNES (De)

416. Portraits d'homme et de femme de la fin Louis XV. 2 dessins aux trois crayons, signés et datés de 1765.

WEIROTTER (Fr.-Ed.)

417. Entrée d'un port de mer. Beau dessin à la plume et au bistre.

WILLE (J.-G.)

418. Paysages et croquis divers. 17 dessins à la plume, au crayon noir et à la sanguine ; plusieurs sont lavés d'encre de Chine et de bistre. Ils seront vendus sous ce numéro.

WYCK (Th.)

419. Intérieur d'une forge. A la plume et au bistre.

WYNANTS

420. Paysage avec rivière couvrant tout le premier plan. Au crayon noir, lavé de bistre.

ZEEMAN (Renier)

421. Marines. 3 beaux dessins à la plume, lavés d'encre de Chine. Deux sont signés.

ZUCCHERO (Frédéric)

422. Procession à Rome ; au milieu, le Pape monté sur une mule est sous un dais porté par quatre moines. Beau dessin à la plume, lavé de bistre.

423. Cérémonies pour la canonisation d'un saint. 2 très-beaux dessins à la plume, lavés de bistre.

DESSINS EN LOTS

—

424. Composition d'architecture. — Paysages et monuments divers. 14 dessins par Clérisseau et autres.

425. Paysages et monuments en ruines. 10 dessins par F. Millet et Asselyn.

426. Sujets religieux et allégoriques. 10 dessins par Restout, A. Carrache, Zuccaro et autres.

427. Paysages par Esselens et Manglard. 6 dessins.

428. Entrée d'un port. — Paysages avec monuments en ruines. 6 dessins par Lucatelli, Hackaert, Ruysdael, Vander Ulft et autres.

429. Le concert au bord de l'eau. — Descente de croix. Saint François, etc. 10 dessins par C. Vani, A. Ligori, R. de Lafage, A. Balestra et autres.

430. Fuite en Egypte. — Saint-Jérôme. — La Vierge et l'enfant Jésus, etc. 12 dessins par Mola, Albane, Balestra, Guerchin et autres.

431. Paysages. — Vues de ports de mer, etc. 10 dessins par Pynackers, Peeters, Van Stry, J. Pinas et autres.

432. Dessin allégorique sur l'accouchement de la reine. La paix et la liberté des mers rendues à l'Europe, en 1814. — Un sacrifice, etc. 14 dessins par Ligozio, Testa, N. Poussin, Boichot, Leclerc et autres.

433. L'Ascension. — L'Assomption. — Fête Hollandaise. Étude d'Amour, etc. 6 dessins par Murillo et autres artistes.

434. Vue du village de la Grotte, sur la route de Naples à
Pœstum. — Paysages et marines. 9 dessins par
Breughel, Vander Ulft, Bisschop, Dunouy et autres.

435. Paysages et vues de Rome. 10 dessins par J.-P. Nor-
blin, Helman et autres.

436. Paysages. 4 beaux dessins par Ruysdael, Vander
Meer de Jonge, S. de Vliéger et Swanwelt.

437. Une bataille. — Paysages d'Italie et vue de Hollande.
7 dessins par Vander Ulft, Hess, Cuyp, Vander
Cabel, N. Poussin et autres.

438. Vues de villes.—Compositions d'architecture. 7 dessins par Lallemand, Lelu et Moucheron.

439. Études de paysans flamands. 6 dessins par Lauwers.

440. Académies d'hommes nus. — Figures drapées, etc.
23 dessins par Vouet, Segers, Cochin, Wille, Lenfranc et autres.

441. Études de têtes, de bras. — Jeune garçon debout, etc.
6 dessins par Boucher et Berghem.

442. Jeune femme sortant du bain. — Études de mains et
de figures drapées. 10 dessins par Boucher, Parrocel et autres.

443. Vue du moulin de la Boisselle. — Chaussée de Saint-
Germain. — Le maréchal ferrant. — Paysages divers.
7 dessins par Van Uden, G. de Heusch, Vander
Heyden, Cl. Lorrain, Van Blœmen et autres.

444. Paysages et port de mer. 11 dessins par Manglard,
Le Guaspre, Meyer et autres.

445. Études de têtes, figures drapées. Académies diverses, etc. 10 beaux dessins par Subleyras, Becker,
B. de Boulogne, Lenfranc et autres.

446. Ruines d'architecture.—Vue d'un village de Hollande. Paysages. 6 dessins par Asselyn, Blœmaert, Clérisseau, J. Breughel et autres.

447. Paysages avec figures. 4 dessins par S. Gessner.

448. Paysages. 9 dessins par Genoels, A. Carrache, J. Esselens et autres.

449. Troupeau à l'abreuvoir. — Petites marines. — Paysages avec figures et animaux. 9 dessins par Van Rawensway, Schotel, Verkolie, Van Wieringen, et autres.

450. Patineurs. Entrée d'un port. — Vue d'une ville. — Paysages, etc. 8 dessins par G. de Heusch, Molenaer et autres.

451. Bergers gardant leurs troupeaux, paysages, etc. 6 dessins par H. Roos, Panini, P. de Molyn et autres.

452. Intérieur d'une chaumière, Paysages et Marines. 11 dessins par Saftleven, Desfriches, Schouman, Duncker, J. Savary, Hobemma et autres.

453. Paysages, Marines, Études d'animaux. 11 dessins par Saftleven, F. Kobell, Potter, Topfer et Zeeman.

454. Paysages. 9 dessins par Genoels et Waterloo.

455. Tour d'Assemkalasi, le Carnaval à Rome, Marine, Paysages, etc. 10 dessins par A. Flamen, J. Rood, P. de Molyn, Hilaire et autres.

456. Le Départ du régiment. Les Joueurs de dés. Intérieur d'église. Moutons et chèvres. Études d'amours. 13 dessins par J.-B. Huet, E de Witte. P. Quast, Van Vliet, S. Rosa, Bamen et C. de Wael.

457. L'Adoration des bergers. Judith tenant la tête d'Ho-
lopherne. Études et croquis divers. 16 dessins par
Zuccaro, Parmesan, J. Matham, A. del Sarto,
P. del Vaga, N. Poussin, Mola et Rottenhamer.

458. Saint Michel terrassat le démon. Repos en Égypte.
Études d'enfants. Le Festin des Dieux. Cinq dessins
par Le Guide, Zuccaro et autres.

459. Petites Vues d'Italie et croquis divers. 22 dessins à la
plume et au bistre par Nicolle.

460. Portraits. Paysages. Études d'animaux. 21 dessins par
Vandermeulen, Potter, P. Bout, Dominiquin et
autres.

461. Études de squelettes. 8 dessins à la plume et au lavis
de bistre.

462. Le Christ en croix. Jésus descendu de la croix.
L'Annonciation. Le Mariage de la Vierge, etc.
14 dessins par Le Guerchin, Le Crémonèse, J. Stella,
N. Poussin, Dell Abbate et autres.

463. L'Annonciation. Sujets de Vierges. Martyre de Saint
Étienne, etc. 10 dessins par Stella, F. Vanni,
A. Carrache, A. Schiavone et autres.

464. La Vierge entourée de saints. La Mise au tombeau.
Les Noces de Cana. Saint Jérôme, etc. 6 dessins par
Lastman, Baroche, Palma, Tintoret, A. Carrache.

465. Portraits. La Flagellation. Le Sauveur du monde. La
Salutation angélique, etc. 12 dessins par F. Baroche,
J. Stella, Guido Reni, Biscaïno, Boucher, Guerchin
et autres.

466. Sujets religieux et croquis divers. 22 dessins par Vanloo et autres.

467. Études d'animaux. 87 dessins par divers artistes.

468. Portraits d'hommes et de femmes. 17 dessins par Gamelin, J. de Gheyn, Defrey et autres.

469. Paysages. 19 dessins par Waterloo, Rogman, E. Van den Velde, C. Pronk, Schotel, Hackert et autres.

470. Saint Jérôme. Guerrier romain. Bergers avec leurs troupeau, etc. 14 dessins par divers artistes.

471. Différents saints dans le désert. Têtes de mort, Études d'oiseaux, Paysages et études de fleurs. 33 dessins par L. de Larue, M. Mérian et autres.

472. Paysages. Figures et études diverses. 32 dessins.

473. Études de paysages, Académies et figures drapées. 34 dessins par divers artistes.

474. Études et croquis. 44 dessins par divers artistes.

475. Paysages avec ruines. Études d'architecture, d'animaux et autres. 17 dessins par G. Van Vitel, Bibiani, Both, Desportes, Van Huysum, A. Pynacker, etc.

476. Paysages, Vues d'Italie. Ports de mer. Repos en Égypte. Vue du Colisée, etc. 19 dessins par Van der Ulft, Bruandet, Van Uden, Vander Kabell et autres.

477. Vues de villes. Ports de mer. Paysages, etc. 14 dessins par divers artistes.

478. Études de paysages et monuments d'Italie. 46 dessins par Van Goyen, Salviati, Van Uden et autres.

479. Croquis, études et sujets religieux. 38 dessins par divers artistes.

480. Études d'arbres. Intérieurs d'églises. Sujets religieux. Études de chevaux et de fleurs. 26 dessins par divers artistes.

481. Académies diverses. Études d'animaux, Croquis religieux et autres. 32 dessins par Guerchin, Carrache,
Blœmaert, Ugo da Carpi. L. de Deyster, B. Gauli,
L. F. de Larue, Lautensack, Le Nain, Mola, C. Schut
et autres.

482. Paysages. Marines. Vues de monuments et Églises en
ruines. 24 dessins par Van Liender, Linbach, Meyer,
Pérignon, Robert, Rosa de Tivoli, Sarazin, Van der
Ulft et autres.

483. Paysages. Ports d'Italie et vue des environs de Lis-
bonne. 11 dessins par G. Lallemand et Lempereur.

484. Paysages et vues prises en Italie. 27 dessins par
Asselyn, Van Blœmen, Breughel, P. Bril, Hilaire,
Guérard et Immenraet.

485. Paysages. Vues de villes et monuments en ruines.
26 dessins par Van de Velde, J. Van Artois et autres.

486. Études de paysages. Vues de Sicile, etc. 32 dessins
par W. Baur, Swebach, J.-H. Roos, P. Brill, F. Millet,
Bolognèse et autres.

487. Jésus lavant les pieds des Apôtres. L'Assomption de
la Vierge. Hercule et Omphale. Jésus chez Simon le
Pharisien, Bacchanale et autres sujets. 17 dessins par
Vincent, Schenau, Saftleven, G. de Lairesse,
C. de Wael, J. de Parme, Procaccini et autres.

488. Études de Paysages. 16 dessins à la plume.

489. Paysages. Vue d'une partie du Colisée. Vue du temple
de la Paix, à Rome. Statue d'Hercule sous un por-
tique d'architecture. Port d'Italie, etc. 25 dessins par
Eschard, Clérisseau, Breenbergh, Asselyn, Titien,
Bourgeois et autres.

490. Le Sacrifice d'Abraham. Le Concert des anges.
Descente de croix et sujets divers. 23 dessins par
Rottenhamer, L. Carrache et autres.

491. Ruines d'un palais romain. Vue d'une partie des rochers de l'île de Caprée. Étude d'après nature à Genève. Paysages divers. 37 Dessins par Salembier, H. Robert, J. Miel, Cl. Lorrain, Eschard, Glauber et autres.

492. Études et croquis. Composition pour plafonds. Sujets mythologiques. 25 dessins par divers artistes.

493. Etudes pour un Hercule. Académie et études de mains. Bataille. Jésus portant sa croix. Études diverses. 28 dessins par le Corrége, Baroche, A. Carrache, Bolognèse, L. de Larue et autres.

494. Paysages. Vues de villes et monuments d'architecture. 29 dessins par divers artistes.

495. Portraits et croquis divers. 14 dessins par Chadet, Th. Michau, Breughel, Storck, Teniers, Van Bloemen et autres.

496. Embarquement de Sainte Ursule. Intérieur d'un parc avec figures. Paysages et vues de monuments divers. 22 dessins par A. Tassi, Esselens, Weninx, Fouquières, Monper et autres.

497. Paysages. 34 dessins par S. Rosa, P. Bril, J. Fouquières, Breughel, Van Bloemen, J. Both et autres.

498. Décoration d'un temple. Paysages d'Italie et vues de monuments. 15 dessins par Dugoure, L. Bellanger, Glauber et autres.

499. Paysages et animaux. 30 dessins par divers artistes.

500. Naissance de Bacchus. Jésus attaché à la croix. Le Portement de croix. L'Adoration des bergers et autres sujets religieux. Batailles et Chasses. 28 dessins par Della Bella, P. Bout, Rembrandt, L. Cangiage et autres.

501. Études de têtes et Académies diverses. 15 dessins à la sanguine par Greuze, Horemans et autres.

502. Le Repos en Égypte, saint François-Xavier, Judas rendant aux Juifs le prix de sa trahison, etc. 11 dessins par Lebrun, L. de Deyster, N. Pieneman, G. de Lairesse et Quellinus.

503. Prêtresse offrant un sacrifice. Intérieur d'une cour de maison de ville, Paysages. 9 dessins par J. Witt, Waldorp, C. Troost, C. Vroom, J. Rossels, Schellings et autres.

504. Étude d'arbre, Vue d'un château-fort, Entrée d'un port et paysages. 7 dessins par Rademacker, Huolle, N. Poussin et Salvator Rosa.

505. Paysages montagneux. 9 dessins par M. Molener, A. Meyeringh et autres.

506 Paysages et Études d'arbres. 4 dessins à la plume et au lavis de bistre et d'aquarelle par P. A. Immenraet.

507. Entrées d'un parc par Grandjean. Paysages avec animaux, par Berghem et autres. 5 dessins à la plume, à l'encre de Chine et à l'aquarelle.

508. Marines, Ports de mer et Études de navires. 24 dessins à la plume et à la sanguine par J. Vernet.

509. Études de navires. 112 dessins à la plume par Manglard.

510. Saint dans le désert. Énée et Anchise. L'Assomption de la Vierge. Apothéose de la Vierge. La Salutation angélique. Le Jugement de Pâris, etc. 26 dessins par Bronckhorst, Deyster, Th. Boeyermans, J. Rottenhamer, C. Schut, Th. Van Thulden, le Parmesan, Dominiquin et autres.

511. Paysages. Enfant monté sur un lion. 12 dessins par Van-Uden, de Vadder, Esselens, Livens. J. Van Ostade, Van Cleve, Neyts et autres.

512. Vue intérieure d'un Parc. Paysages montagneux. Monuments divers. 11 dessins par J. de Grave, Breughel, J. G. Van Cleve, Schellings, Vander-Ulft et autres.

513. Halte de voyageurs. — Le Départ pour la chasse. Paysages d'Italie. 11 dessins par G. d'Ochiali, Waterloo, J. B. Wenix, L. de Vadder et autres.

514. Vue du Temple de Vesta. — Entrée d'un port. Paysages avec chaumières. 5 dessins à la plume et au lavis de bistre, par G. de Witte et Weirotter.

515. Paysages. 21 dessins à la plume et au bistre, par J. Glauber.

516. Paysages divers. 15 dessins à la plume et au bistre, par A. Genoels.

517. Vue d'un Palais. Paysages avec animaux, marines, etc. 31 dessins par Echard, Demarne, A. Vander Cabel, J. Silvestre, Genoels et autres.

518. Portraits. Études de têtes. — La Transfiguration et autres sujets religieux. 26 dessins par Sadeler, Champaigne, Carrache, Teniers, Zuccharo, etc.

519. Études de chèvres et de chiens. Bergers avec leur troupeau. Le parc aux cerfs. Étude de chevaux, bœufs et autres. 34 dessins par divers artistes.

520. Troupeau de moutons couchés. Paysages dessinés d'après nature. 14 dessins par J. Vander Does, Boissieu, H. Robert et autres.

521. Joseph expliquant les songes de Pharaon. Chevaux dans une écurie. Paysages. 11 dessins par C. Palmérius.

522. Vue du Faubourg des Chartreux à Villefranche. Moine distribuant des aumônes. Armement d'un chevalier. Paysages et croquis divers. 18 dessins par Castiglione, A. Manglard, D. Lafage, Bloemaert, J. Vernet, Almeloveen, le vicomte Senones et autres.

523. Paysages. Vue de Hollande. Marines. 11 dessins par M. Colyns, Th. Michau, J. O. Harms, Both et W. Van-Velde.

524. Études et monuments d'architecture. 10 dessins par Pérignon, Pannini et un choc de cavalerie par Parrocel.

525. Paysages et animaux par Palmerius, J. de Momper, Nicolle et autres. 14 dessins.

526. Paysages. Études de chevaux. 13 dessins par D. Maas, Vandermeulen et autres.

527. Études d'hommes et de jeunes garçons dans différentes postures. 23 dessins aux divers crayons par J. Miel.

258. Études et croquis divers. 15 dessins par Londonio, B. Litterini, Lingelbach, Loir et autres.

529. Paysages et animaux par Houel, Klengel, Kobell, L. de Lahire, Lempereur, Van Kessel et autres. 22 dessins.

530. Paysages et vues de ville. 9 dessins par Locatelli, F. Millet et autres.

531. Paysages par Kimpel, Klengel, Kobell et autres. 14 dessins.

532. Paysages par Jan Van Huysum. 15 dessins aux divers crayons et au lavis de bistre et d'encre de Chine.

533. Paysages. Vue de la maison de Rousseau aux Charmettes, près de Chambéry. 8 dessins par Grobon, Bolognèse et Genoels.

534. L'Assomption de la Vierge et autres sujets religieux. Études diverses. 12 dessins par Vanni, Tiepolo, Le Prince, Leclerc et autres.

535. Études de têtes. Femmes assises. Études de chevaux. 40 dessins par Lebrun, Metzu, Natoire et autres.

536. Paysages montagneux, Vues de village hollandais. 27 dessins par divers artistes.

537. Paysages, chevaux harnachés. Vues de Hollande, etc. 30 dessins par divers artistes.

538. Chariot traîné par un cheval, Cheval avec une selle sur le dos, un Patineur, etc. 7 dessins par Wouwermans.

539. Paysages, chaumières en ruines, etc. 17 dessins par Weirotter, T. Wyck et autres.

540. Portraits. Études d'enfants et croquis divers. 24 dessins par divers artistes.

541. Études de têtes, de mains et sujets religieux. 24 dessins par Champagne, Baroche, Guerchin, A. Vander Werf, Mola et autres.

542. Paysages, marines et études d'arbres, etc. 20 dessins par Stephani, Pujet, Bourdon, Carrache, Guerchin et autres.

543. Paysages divers et Vues de ville de Hollande. 17 dessins au crayon noir, à l'encre de Chine et à la mine de plomb.

544. Paysages, Caricatures d'hommes et de femmes nues,
Marine. Intérieur d'un palais. Paysages avec ruines.
24 dessins par Alméloveen, N. Moyaert, Lengelback,
J. Vernet, Lallemand, Kobell et autres.

545. Études de costumes militaires, de femmes nues. Portraits. Études de chevaux, etc. 13 dessins à la mine
de plomb, par Andrieux.

546. Thermes de Caracalla à Rome. Paysages, marines
et batailles. 17 dessins par Clerisseau, Constantin,
Koning, Vermeulen, D. Maas, Ruysdael et autres.

547. Saintes familles. La Résurrection, petits sujets religieux. 14 dessins par Diepenbeck.

548. Le Sauveur du monde, la Flagellation. Armoiries
ornementées, Empereurs romains. 8 dessins par
Gondolfi, Van Dyck, A Carrache, Polidore de Caravage et autres.

549. Les Israélites ramassant la manne, l'Adoration de la
Vierge, Martyre de saint Étienne, et autres sujets re-
ligieux. 9 dessins par Perino del Vaga, Polidore,
An. Carrache, Guerchin et autres.

550. Portraits, figures d'hommes et de femmes avec draperies. Études de têtes. 8 dessins par Le Sueur,
Poilly, P. Lecomte, Wille et autres.

551. Études d'hommes et de femmes dans différentes positions. Compositions pour plafond, chevaux, etc.
26 dessins par divers artistes.

552. L'Annonciation, le Repos en Égypte, Sainte Famille
entourée d'anges, l'Enfant Jésus au Temple, saint
Michel. 6 dessins par Ch. Le Brun, P. Maes, A. Carrache, D. Creti, Lavallée-Poussin et autres.

553. Animaux chimériques. 2 dessins dont un à l'aquarelle, l'autre à la plume et au lavis de bistre, attribué
à J. Romain.

554. Paysages d'Italie, fontaines au milieu de monuments
en ruines. 12 dessins par J. B. Lallemand, S. Rosa,
Lucatelli, A. Meyering, Esselens, Ab. Blœmaert,
Oudry et Ridinger.

555. Paysages pris en Hollande. — Les Marchands de
poissons, etc. 12 dessins par Verdussen, Amand,
D. Koning, Eschard, C. Bourgeois et autres.

556. Intérieur d'une église où un moine donne la com-
munion. — Saint Pierre. — Les Joueurs de cartes.—
Sujets mythologiques. 11 dessins par Gérard, Creti,
Jouvenet, Subleyras et autres.

557. Études d'arbres, paysages et figures diverses. 24 dessins par S. Bourdon, P. Bout, Breenberg, A. Both,
Hans Bool.

558. Tobie et l'ange. Études d'arbres, paysages et monuments en ruines. 17 dessins par. J. Bol, Van Bloemen, Blœmert, E. de La Belle et autres.

559. Paysages. 10 dessins par Bauduins. A la plume, à
l'encre de Chine et à la sanguine.

560. Passages et ruines d'architecture. 18 dessins par
Asselyn, Van Artois, D. Akerrslost, Berghem et
autres.

561. Sujets religieux, croquis divers. Portraits, études
d'animaux, etc. 35 dessins par Puget, Callot, Stoop,
Teniers, Terburg, J. Van de Velde, J. Romain
et autres.

562. Paysages. 19 dessins par J. G. Wagner, Van Vitelli, Verstraaten, Verschuring, J. Vernet, A. Van
de Velde, etc.

563. Place publique avec monuments. Paysages. 20 dessins par Van der Ulft, Van-Uden, Teniers, F. Millet, R. Savery et autres.

564. Paysages et marines. 13 dessins par Rubens. S. Rosa, Le Maire Poussin, N. Poussin, G. Hauer, Molenaer, Paul Bril, Bruandet et autres.

565. Paysages. — Château-fort au bord d'une rivière. Vue d'une ville de Hollande. Paysages avec monuments, etc. 10 dessins par A. Rademaker, Van-Goyen, R. Roghman, Ruysdael, Verstaaten, Berghem.

566. Études et compositions diverses. 47 dessins par Carrache, Watteau, Jordaens et autres.

567. Marines. Paysages et autres sujets. 20 dessins par Verdussen, Schenit, Schellings, Pillement, P. Patel, Manglard, L. Lesueur, Lallemand, Larue et Le Moyne.

568. Paysages des environs de Rome. Vue de Florence, etc. 30 dessins par Fouquière, Guerchin, Titien et autres.

569. Sujets religieux et mythologiques. Études de chevaux, paysages. 31 dessins par divers artistes.

570. Lycurgue blessé dans une sédition. Descente de la croix, Transfiguration, l'Adoration des anges, sujets mythologiques et autres. 24 dessins par Eschard, Lallemand, F. Mola, C. Maratte, Vanni, Verdier et autres.

571. Études de Paysages. Arcs de triomphe, marines, etc. 28 dessins par Michalon, Vanden Bos, Canaletti et autres.

572. Paysages. Vues des environs de Châlons, ruines
d'architecture. 27 dessins par Zundt, Verdussen,
E. Vande Velde, N. Pérignon, A. Rademaker,
L. G. Moreau, L. Lallemand, A. Genoels, Esseleens,
Dankers et autres.

573. Études d'arbres et de paysages. 20 dessins par divers artistes.

574. La Visitation, le Festin de Balthazar, une Bataille,
Chasse au sanglier, etc. 14 dessins par Salviati,
F. Sabatelli, Verschuring, Vignon, Testa, Spierre,
Creti et autres.

575. Paysages et monuments en ruines. 15 dessins par
Robert, Asselyn, Savery, Vande Velde, Momper,
F. Milllet et autres.

576. Études de femmes drapées, académies d'hommes et
compositions pour plafonds. 15 dessins par C. Vanloo, Boucher, Vouet et autres.

577. Études de chevaux. 8 dessins à la plume et au
lavis d'encre de Chine.

578. Études d'animaux et paysages. 19 dessins par divers artistes.

579. L'Éducation d'Achille. — L'Èchelle de Jacob. Mort
d'un dominicain, le Baptême du Christ. La Sainte
Trinité. La Présentation au Temple, etc. 24 dessins par P. Quast, La Hyre, Ligozio, Brames et
autres.

580. Paysages pris en Italie. 50 dessins par Ruysdael,
Breughel, Momper, A. F. Bauduins, Carrache,
Bolognèse, Pœlenburg, N. Poussin et autres.

581. Jésus guérissant les aveugles. Le Temps enlevant la
Vérité. Sainte Famille, sainte Catherine mise au
tombeau, Hercule, etc. 22 dessins par L. Carrache, B. Loty, S. Cantarini, Carpioni, Poussin et
Parizeau.

582. Paysages. Cours de ferme, Monument en ruine, etc.
21 dessins par Bolognèse, H. de Harles, M. Merian,
Manglar, Pannini, Vander Meulen, Le Maire Poussin,
Robert et autres.

583. Paysages. 23 dessins par J. du Vivier, Bolognèse,
Carrache, Le Guide, Asselyn, F. Millet et autres.

584. Études de figures d'hommes et de femmes, marines
et paysages. 25 dessins par Bega, Ostade, Berghem,
Tiepolo et autres.

585. Paysages et monuments des environs de Rome.
22 dessins au crayon noir et au lavis d'encre de
Chine, attribués à N. Poussin.

586. Le retour des champs, paysages d'Italie. 9 dessins
par Apelman, Carrache et autres.

587. Combat naval. — Costumes, études de têtes et croquis divers. 35 dessins par Et. de La Belle.

588. Paysages, vues de Hollande, monuments en
ruines, etc. 13 dessins par G. Wieringa, T. Wyck,
Vander Ultf, Biscaino, A. Tassi, Pœlenburg, Peri-
gnon, Milatz et autres.

589. Paysages. 21 dessins par Locatelli, K. Dujardin,
Meyering et autres.

590. Études de têtes, académies d'hommes et études diverses. 24 dessins par Oudry, Boucher, Greuze,
Vander Meulen, M. Stoof, Subleyras et autres.

591. Paysages divers. 32 dessins par Mutian, G. Neyts,
C. Begeyn, Saftleven, Carrache, D. Teniers, C. Huys-
mann, Kraul, L. Van Uden, etc.

592. Paysages, oiseaux et fleurs. 14 dessins par Beer-
straten, J. Breughel, R. Savary, Lantara, Ruysdael,
Van Borsum, Bosch, etc.

593. Paysages, marines et croquis divers. 43 dessins par
P. Quast, F. Boucher, Dufresnoy, Rubens, Muller,
Sneyers, H. Saftleven et autres.

594. Paysages d'Italie, vues de villes de Hollande, croquis
divers. 35 dessins par Della Bella, Carrache, Faconi,
Both et autres.

595. Études d'animaux. — Sujets religieux et autres.
40 dessins, des Écoles italienne et flamande.

596. Académies et études diverses. 119 dessins aux divers
crayons, de l'École française du XVIIe siècle.

597. Études pour compositions religieuses et autres.
26 dessins aux divers crayons par Platte-Montagne
et Ph. de Champaigne.

598. Portraits, études de têtes, académies d'hommes.
41 dessins aux divers crayons de l'École de Ph. de
Champaigne.

599. Études d'amours, de têtes, de mains, figures religieuses et autres. 30 dessins aux divers crayons,
attribués à Ph. de Champaigne.

600. Compositions religieuses, études par Philippe de
Champaigne pour ses compositions. 31 dessins au
crayon noir, à la sanguine et rehaussés de blanc.

601. Études de paysages au crayon noir et à la mine de plomb. 104 dessins.

602. Marines, Vues de ville, Paysages, Caricatures italiennes, par Ghezzi et autres.

603. Paysages, Monuments en ruines, Vues de villes, etc. 27 dessins par Carrache, Poussin, Cl. Lorrain et autres.

604. Études de pêcheurs, croquis divers. 18 dessins.

605. Portraits, Études de paysages, Vue du château Saint-Ange, Fleurs, etc. 42 dessins par divers artistes.

606. Résurrection de Lazare, Sacre d'un Évêque, Repos en Égypte, Jésus remettant les clefs du paradis à saint Pierre, etc. 21 dessins par l'Albane, Both, P. de Caravage, C. Holsteyn, Carrache, Vanni et autres.

607. Chiens couchés, Foire de village, Paysages. 6 dessins par J. Monpré, Lallemand, Ridinger et autres.

608. Paysages, Sujets religieux, Cavaliers, Études d'architecture. 18 dessins par Parrocel, L. Delahyre, Dewailly, Delabelle, etc.

609. Études d'oiseaux, de fleurs et de fruits. 13 dessins par Schoumann, S. Merian et autres.

610. Études de fleurs. 22 dessins à l'aquarelle par Vidal et divers artistes.

611. Études d'arbres et de Paysages. 14 dessins par P. Bril, Calf, Weenix, Savery, Swanwelt, Houel et autres.

612. Paysages avec figures. 6 dessins au cryon noir. par J.-A. Dietzsch, A. Diepraam et autres.

613. Études de fleurs diverses. 32 dessins à l'aquarelle par divers artistes.

614. Études d'hommes, de femmes et d'animaux, Etudes de têtes, Portraits. 32 dessins par Van Blœmen, Metzu, Bamboche, P. de Laar, P. Breughel, Brauwer et autres.

615. Jésus guérissant les aveugles, Martyre d'une sainte, Croquis pour différentes compositions religieuses, Animaux, etc. 32 dessins par H. da Carpi, Michel-Ange dit des Batailles, Palma, Berghem et autres.

616. Paysages d'Italie, Vues des environs de Lyon. 22 dessins par Swanwelt, A. de Carrache, Cl. Lorrain, Oudry, A. de Marchis, Lepôtre, etc.

617. Études de paysages, la plupart pris en Italie. 32 dessins par Constantin, Le Guaspre, Verkolie, Allegrain, Baudouins et et autres.

618. Paysages et Vues de villes diverses. 21 dessins par F. Millet et autres.

619. Études d'arbres, de feuilles et de fruits, Paysages. 14 dessins par A. Blœmart et autres artistes.

620. Vues de monuments et ruines d'architecture. 10 dessins par M. Tesi, H. Robert et autres.

621. Fuite en Égypte, Jésus saisi par les Juifs, le Christ en croix, Jésus au Jardin des Oliviers, Paysages et figures diverses. 14 dessins par Dolendo, J. Vernet, Le Brun, S. Rosa, E. Gennari et autres.

622. Des Religieux faisant l'aumône aux pauvres, Intérieur de cabaret, Fête de village et autres sujets. 6 dessins par C. de Waels, A. Vincentino et autres.

623. Paysages d'Italie. 25 dessins par J. Vernet, N. Poussin, Ozanne, Van de Velde et autres.

624. Paysages, Marines et Vues de Hollande. 20 dessins par Guillerot, Lempereur, Stalbent et autres.

625. Études de Paysages et de Batailles. 22 dessins par Breenberg, Breughel, Carrache, Blœmart et autres.

626. Vues de villes de Hollande, Paysages divers. 27 dessins par Asselyn, Decker, J. Van Ostade, Glauber, Cl. Lorrain, Houel et autres.

627. Animaux, Compositions d'architecture, Paysages, etc. 42 dessins par Van de Velde, Lantara, Suavius et autres.

628. Études d'Animaux, Choc de cavalerie, l'Éducation de la Vierge, saint Jérôme et autres sujets religieux. 16 dessins par C. Maratte, Titien, Bon de Boulogne, Béga, Van der Meulen et autres.

629. Portraits, Études de têtes, Croquis divers. 44 dessins par Le Titien, Weirotter, Guerchin et autres.

630. Paysages, Vues de châteaux, Ruines d'architecture dont les vestiges du palais de Néron. 18 dessins par Lempereur, Lallemand, Cl. Lorrain, Dorner, Demarne, Challe et autres.

631. Sujets de batailles, Études de têtes, Adam et Ève chassés du paradis, Éliézer et Rébecca. 21 dessins par Quellinus, Lafage, N. Poussin, L. de La Hire, Casanova et autres.

632. Vue de Paris, Ports de mer et Paysages. 27 dessins par Van Uytenbrouck, P. Breughel, A. Blœmaert, et autres.

633. Le Jugement de Pâris, la Vierge et l'Enfant Jésus, sainte Famille, saint Sébastien, Études diverses. 25 dessins par le Parmesan, Picart et autres.

634. Études d'animaux, Paysages et Sujets religieux. 22 dessins par Rogmann, Millet, Van Huysum, Van Borsum, Berghem, Breenberg et autres.

635. Paysages et Édifices en ruines. 27 dessins par Breenberg et autres artistes.

636. Croquis divers, Portraits et Costumes Louis XIII, sujets religieux. 26 dessins par Vigneron, Pacetti,
Oudry, Jouvenet, D. Creti, Sadeler et autres.

637. Paysages et Animaux. 15 dessins par Chasles, Bolognese, Carrache, Guerchin et autres.

638. La Vierge sur les nues, saint Jérôme, la Fileuse, les
Forgerons, etc. 14 dessins par L. de La Rue, Du-
quesnoi, L. Carrache, N. Berrettoni et autres.

639. Paysages et Vues de monuments en ruines. 20 dessins par Breenberg, Annibal Carrache, Cittadini,
K. Dujardin, Échard, Bolognèse et autres.

640. Paysages ornés de monuments d'architecture. 19 dessins par Locatelly et autres.

641. Paysages divers par Bolognese, Holzer, Houel,
Hackaert, La Fargue, Locatelli, etc.

642. Études de femmes et Croquis divers. 22 dessins par
Guerchin, L. Lombart, Luyken, Van Bloos, Blœmart,
Béga, Diepenhecke, Carrache et autres.

643. Études d'animaux, 14 dessins par Berghem, Lingelbach, Oudry et autres.

644. Paysages. 17 dessins par Asselyn, Saftleven, Guerchin, Berghem, W. Baur, Baudouin et autres.

645. Paysages, Sujets allégoriques et religieux, par Mola,
Romanelli, Dosso-Dossi, Teniers, Zurbaran, Zuccaro
et autres.

646. Paysages, Ruines et Monuments d'architecture.
34 dessins par Nicolle, Guerchin, Ricci, A. Robert,
Spirinys, Tassi et autres.

647. Compositions d'ornements, Compositions pour plafonds, Figure de la Justice, Cariatides, etc. 11 dessins
par Van der Koogen, Le Brun, Le Sueur et autres.

648. Paysages, la plupart pris dans la campagne de Rome.
23 dessins par G. Poussin, Cock, Cassas, L. Carrache,
Titien, A. Blœmaert, A. Carrache et autres.

649. Jésus célébrant la cène, Jésus remettant les clefs à
saint Pierre, le Baptême du christ, l'Annonciation,
le Christ descendu de la croix, etc. 31 dessins par
P. de Caravage, S. Bourdon, Parmesan, Lesueur et
autres.

650. Paysages, Marines et Ruines d'architecture. 16 dessins, Asselyn, J.-B. Houel, Bolognèse et autres.

651. Paysages divers. 23 dessins par Moreau, Callot,
Bemel, Perelle, Breenberg, Eschard et autres.

652. Paysages, Vues de villes, Ruines d'architecture, etc.
38 dessins par Desfriches, Bolognèse, Hollar, Lallemand, Kobell, Lélu, H. Robert et autres.

653. Sujets religieux, Croquis et Études diverses, Compo-
sitions pour plafonds. 28 dessins par Ph. Angeli,
Cantarini, G. de Crayer, Lefebvre, Morte, Salviati,
S. Vouët et autres.

654. Marines. 7 dessins au crayon et à l'encre de Chine,
par W. Van de Velde.

655. Sainte Famille, Sujets religieux et autres. 34 dessins
par Diepenbeck, Le Guide, de La Rue, Tiepolo et
autres.

656. Paysages. 27 dessins par Breughel, Martin, Bolognèse, Sarrasin, Lafargue, Londonio et autres.

657. Paysages, Ruines d'architecture, Marines, etc. 24 dessins par Bolognèse, Dutilleux, Van Vitelli et autres.

658. Martyre de différents Saints, la Présentation au temple, la Visitation, etc. 25 dessins par C. Maratte, Carrache, Parrocel, Piroli, Saftleven, J. Muttion et autres.

659. Paysages, Études d'arbres, Vue d'un port de mer, etc. 15 dessins par Wille, Zilotti, de Wael, J. Vernet, Van Vitelli, Titien et autres.

660. Études d'animaux. 21 dessins par Roos, Wouvermans et autres.

661. Paysages, Marines, Études d'animaux, Monuments en ruines, etc. 23 dessins par Van Romeyn, Hackaert, Pillement, Pannini, R. Van Orley, Molenaer, Glauber et autres.

662. Paysages et Monuments en ruines. 16 dessins par Vander Ulft, Elzheimer, Swanwelt, Huchtemburg et autres.

663. Paysages et Marines. 23 dessins par Breenberg, Van Goyen, Dietricy, Everdingen, Boissieu, H. Robert et autres.

664. Sujets religieux, Études de mendiants, Paysages et sujets allégoriques, par les Carrache, Eschard, Holzer, C. de Wael et autres. 32 dessins.

665. Paysages. 30 dessins par Bourgeois, Coste, C. Cort, Perelle, Lempereur, Poussin et autres.

666. L'Adoration des mages, le Mariage de la Vierge, Hercule étouffant le lion, l'Assomption de la Vierge, Descente de croix, Études et ornements. 29 dessins par Cantarini, Jouvenet, Poussin, Rubens, Carlo Dolci et autres.

667. Paysages et Études d'animaux. 11 dessins par Vander Meulen, Rosa de Tivoli, Martin et autres.

668. Paysages et Études diverses. 33 dessins par Wille, Teniers, S. Leclerc, Breughel, Spilman et autres.

669. Portraits d'hommes et Études de têtes. 11 dessins par Rubens, Miéris, Visscher, J. de Gheyn et autres.

670. Études de têtes d'hommes et de femmes. 13 dessins par Tiepolo, P. Véronèse et autres.

671. Portraits d'hommes et de femmes. 16 dessins par de Frey, Coypel, Miéris, Steen et autres.

672. Marines, Monuments en ruines, Paysages, les Patineurs, etc. 7 dessins par Vitringa, Van Stry, Berkeyden, Storck et Blyhooft.

673. La Nativité, l'Annonciation, la Sainte Famille, Saint Pierre délivré de sa prison, le Christ en croix, l'Assomption de la Vierge, etc. 12 dessins par Piola, Lairesse, Rubens, Van Dyck et Lavalée-Poussin.

674. Portraits d'hommes et de femmes. 7 dessins par Champaigne, Visscher, Netscher, Van Dyck et autres.

675. Paysages, Monuments en ruines. 8 dessins par Moucheron, Millet, Pœlenburg, Cassas, de Choiseul-Gouffier, Swanwelt, Milatz et autres.

676. La Bergère des Alpes, Vue de la manufacture des glaces à Saint-Gobain, Vue d'un des faubourgs de la Fère, etc. 6 dessins à la mine de plomb et à la sanguine, par Cochin.

677. Sujets tirés de l'histoire de Joseph, Paysages, etc. 7 dessins par Claes, Moyaert.

678. Paysages et Croquis divers à la mine de plomb. 10 dessins par Enfantin.

679. Jésus saisi par les juifs, saint Hubert, Études de têtes et Croquis divers, Paysages. 7 dessins par Demachy, Martin de Vos, Lélu, Danlou et autres.

680. Compositions d'ornements, Projets d'architecture, Encadrements, etc. 57 dessins par Vignolle, Poussin, P. del Vaga, Lepautre et autres.

681. Compositions d'ornements. 16 dessins par Taraval, Marot et autres.

682. Un Portefeuille renfermant 144 dessins, académies études diverses.

683. Un Portefeuille renfermant 82 dessins à la plume et à la sanguine, par Ch. Parrocel.

684. Un Volume in-fol. oblong, renfermant 165 dessins à la plume, par Nicolle et Castiglione.

685. Un Volume in-fol. renfermant 287 dessins, paysages et études diverses.

686. Un Volume in-fol. renfermant 156 dessins de chapitaux; la plupart dessinés à Rome en 1540. Ces dessins faisaient partie de la collection faite par le Poussin, et ont été rapportés en France par Ciérisseau, ainsi que l'indique une notice au commencement du volume.

686 *bis*. Sous ce numéro il sera vendu par lots, un portefeuille de dessins non catalogués.

ESTAMPES

DÉSIGNATION

AKEN (J. van)

687. Différents chevaux. (B 1 à 6). Très-belles épreuves
du deuxième état avec l'adresse de Cl. de Jonghe
sur la première feuille.

688. Différents paysages (B 7 à 16), suite de dix pièces. —
(Manque le n° 12.)

689. Six pièces de la même suite. Belles épr.

690. Vues du Rhin, suite de quatre estampes (B 18 à 21).
Deuxième état, très-belles épr., avec marges.

691. La même suite. Belles épr.

ALBERTI (Chérubin)

692. La Vierge dans une gloire d'anges, saint Christophe,
Études d'anges. Sujets de mythologie. La vengeance
de F Zuccaro, etc. Vingt pièces. Belles épreuves.

ALMELOVEEN (Jean)

693. Différents paysages, suite de six estampes (B 21 à 26). —
Très-belles épr., d'un état non décrit, intermédiaire
entre le premier et le second, elles sont avec la
lettre, mais avant les numéros.

ALMELOVEEN

694. La même suite. — Troisième état. Belles épreuves. —

695. Vingt-deux pièces de différentes suites.

ALTDORFER (Albert)

696. Saint Jérôme (B. 21). Le Jugement de Pâris (36). Mutius Scævola (40). La Fable de la Marguerite poétique (43). Quatre pièces. Belles épreuves.

AMMAN (Josse)

697. Les Visions de l'Apocalypse de saint-Jean, suite de douze estampes (B. 2). Belles épreuves d'une suite très-rare.

698. Portrait de Hans Sachs à l'âge de quatre-vingt-un an. Belle épreuve.

ANDREA (Zoan)

699. La Danse des quatre femmes, d'après André Mantegna (B. 18). Très-belle épreuve.

Anonyme

700. Le Cabaret de Ramponneau. Belle épreuve.

ARDELL (J. Marc.)

701. Rubens, sa femme et son fils, en pied, d'après Rubens. Très-belle épreuve avant toutes lettres.

702. La même estampe. Très-belle épreuve avant toutes lettres.

La même estampe. Belle épreuve avec la lettre.

AUDRAN (Jean)

703. Les petites batailles d'Alexandre, d'après Charles Lebrun. Cinq pièces. Très-belles épreuves.

704. Antoine Coyzevox, sculpteur d'après H. Rigaud. François Verdier peintre, gravé par Desrochers, d'après Ranc. Deux pièces. Très-belles épreuves avant la lettre. ☉

BAKHUIZEN (Louis)

705. Différentes marines et vues de l'Y près d'Amsterdam (B. 1 à 10). Suite de dix estampes. Plus, le titre, l'éloge et le portrait de Bakhuisen. Treize pièces. Belles épreuves du troisième état.

706. Dix pièces de la même suite dont plusieurs doubles.

BALECHOU (Jean-Joseph)

707. Sainte Geneviève, patronne de Paris, d'après C. Vanloo. Belle épreuve avant les raies sur l'inscription.

BARBARY (Jacopo de), dit le MAITRE AU CADUCÉE

708. La sainte Famille (B. 4). Très-belle épreuve. Il manque une partie du coin gauche. Rare.

709. Le Dieu marin (B. 22). Belle épreuve. Rare.

BARGAS (A.-F.)

710. Halte de cavaliers à la porte d'un cabaret. — L'Abreuvoir. — Halte de gens de la campagne devant la porte d'une hôtellerie. — La Foire à la porte d'une ville, épreuve du premier état. Quatre pièces. Très-belles épreuves.

BARLOW (F.)

711. Suite d'oiseaux de diverses espèces. Quinze pièces. Très-belles épreuves du premier état, avant le changement d'adresse, elles ont de la marge. Autre suite d'oiseaux, cinq pièces. Très-belles épreuves. Ensemble vingt pièces.

BAROZIO (Frédéric)

712. L'Annonciation (B. 1). Superbe épreuve.

713. La Vierge assise (2). Très-belle épreuve.

714. Saint François dans la chapelle (4). Superbe épreuve (Collections, Mariette et W. Esdaile).

715. L'Annonciation, la Vierge et l'Enfant Jésus, Saint François stigmatisé, Saint François dans la chapelle etc. Six pièces.

BARON (Balthazar-Jean)

716. Son œuvre. Cent trente-six pièces gravées à l'eau-forte. Belles épreuves.

717. La même suite. Cent huit pièces.

BARTOLOZZI

718. Marie, reine d'Écosse, d'après Frédéric Zuccharo. Très-belle épreuve avant la lettre, les noms d'auteur légèrement tracés à la pointe.

BAUR (G.)

719. L'Ange apparaissant à Abraham. — Marche de Silène. Deux pièces. Belles épreuves.

BAUSE (J.-F.)

720. Portraits de Leibnitz, Lessing, Mendelssohn, Hage-
dorn, etc. Seize pièces. Belles épreuves.

BEATRIZET (Nicolas)

721. La Vierge sur les nues (R. D. 20). Très-belle épreuve.

722. Portrait de Henri II, roi de France (40). Très-belle
épreuve du premier état. La tête du personnage est
vue de profil, elle à une petite marge.

BEGA (Corneille)

723. Son œuvre complet moins les numéros 1 et 36.
(B. 31 à 36). Trente quatre pièces. Très-belles et
anciennes épreuves.

724. Le même œuvre (Manquent les numéros 1, 7, 21, 22
et 36. Trente et une pièces. Belles épreuves.

725. Son œuvre complet, avec le titre. Trente-cinq pièces
en un vol. cart.

726. Soixante et quinze pièces dont plusieurs doubles.

BEHAM (Barthélemy)

727. Lucrèce se plongeant un poignard dans le sein
(B. 14). Très-belle épreuve.

BEHAM (Hans-Sébald.)

728. Job s'entretenant avec ses amis (B. 16). Très-belle
épreuve du premier état, avant les plantes parasites
au-dessus de l'arcade.

729. La même estampe. Belle épreuve.

730. Les Noces de Cana (23). Superbe épreuve.

BEHAM (Hans-Sébald.)

731. Le Paysan à la fourche (B. 118). La Sentinelle auprès des tonneaux (197). Deux pièces. Belles épreuves.

732. Les Noces de village (161. 162, 163). Très-belles épreuves avant la retouche. Un double du n° 162, Épreuve avec la retouche. Ensemble, quatre pièces.

733. Mascaron (234). Les deux Génies (236). Belles épreuves.

BELLA (Étienne della)

734. Le Reposoir. Très-belle épreuve.

734 bis. Divers embarquements, 8 pièces. Recueil de différentes piéces très-nécessaires à la fortification, 14 pièces. Livre pour apppendre à dessiner, 16 pièces décorations théatrales. 8 pièces. Rebus, 5 pièces. Ensemble quarante neuf pièces. Très-belles épreuves à toutes marges.

735. Différentes compositions. Quarante pièces. Anciennes épreuves.

736. Différentes compositions. Soixante-dix pièces.

BERGHEM (Nicolas)

737. La Vache qui s'abreuve. (B. 1). Belle épreuve du deuxième état avec l'adresse de N. Visscher.

738. La Vache qui pisse (2). Très-belle épreuve du deuxième état, avant l'adresse de F. de Witt.

739. La même estampe, même état. Elle à une grande marge.

740. La même estampe, trois épreuves différentes avec les adresses de F. de Witt, de Valck, et l'adresse effacée.

BERGHEM (Nicolas.)

741. Les Trois Vaches au repos (3). Superbe épreuve du troisième état, avant le nom du maître. Elle a une petite marge.

742. La même estampe. Belle épreuve du quatrième état. —

743. Le Pâtre jouant du flageolet (6). Très-rare et superbe épreuve d'un état non décrit, tirée avant le n° 51, et avant que les essais de pointe, sur le ciel, à droite près de l'angle du haut, n'aient été effacés.

743 *bis*. La même estampe, deuxième état. Très-belle — épreuve avant le numéro 1. Collections Verstolk de Soelen et H. Weber.

744. Le Pâtre causant avec une femme [(7). Très-belle épreuve. Fort rare.

745. Les Cinq sujets d'animaux en hauteur (8 à 12). Très-belles épreuves du troisième état avec l'adresse de F. de Witt sur la première planche et celle de Goos sur la dernière.

746. La même suite. Belles épreuves du quatrième état. —

747. Titre du cahier à la femme (21). Première épreuve, — à l'eau-forte pure avant la lettre et avant le numéro. Très-rare.

748. Sujet historique de l'Ancien Testament. Très-belle épreuve. Fort rare. Collection Verstolk de Sœlen.

749. Les cinq sujets d'animaux en hauteur. Quatre sujets d'animaux en largeur. (13 à 16). Le cahier à l'homme en huit feuilles (49 à 56). Dix-sept pièces. Belles épreuves.

750. La Vache qui s'abreuve, le Pâtre jouant du flageolet. Les cinq sujets d'animaux en hauteur, le cahier à l'homme, et le cahier à la femme etc. Trente pièces.

BERVIC (Charles-Clément)

751. L'Innocence, d'après Mérimée. Très-belle épreuve avant la lettre, à toute marge.

BISCAINO (Barthelemy)

752. Son OEuvre moins les numéros 1, 3, 11, 21, 24, 25, 28, 31, 32, 33, 38 et 40. Vingt-huit pièces. Très-belles épreuves.

753. Vingt-cinq pièces. Doubles des estampes précédentes. Belles épreuves.

BISI (B.)

754. Sainte Famille, d'après le Parmesan. Très-belle épreuve.

BLEKER (G.)

755. Le Vacher (B. 6). Le Troupeau en marche (8). Deux pièces. Très-belles épreuves.

756. Les deux mêmes estampes. Belles épreuves.

757. Le Chariot à quatre roues (10). Le Chariot à deux roues (11). Deux pièces. Belles épreuves.

758. Le Chariot à quatre roues (10). Le Chariot à deux roues (11). Le Cabriolet (12). Trois pièces. Superbes épreuves.

BLÉRY (Eugène)

759. Études dessinées et gravées d'après nature. Cinquante pièces. Belles épreuves tirées sur papier de Chine volant.

760. Paysages, études de différentes plantes. Vingt pièces. Superbes épreuves tirées sur papier de Chine volant.

BLOEMAERT (C.)

761. La Vierge dans une gloire d'anges, d'après le Titien. Très-belle épreuve.

BLOOTELING (ABRAHAM)

762. Constantin Huygens. d'après G. Netscher. Très-belle épreuve.

763. Portrait de Miéris. Belle épreuve.

764. Catherine de Bragance. ? Hortense Mancini ? Deux pièces gravées en manière noire. Superbes épreuves.

BOEL (PIERRE)

765. Les Faucons (B. 2). Superbe épreuve. Elle a une petite marge.

766. Deux éléphants, deux ours et deux lynx. (W. 8.) Belle épreuve. Rare.

BOL (FERDINAND)

767. Sacrifice d'Abraham (B. 1). Superbe épreuve.

768. La même estampe. Très-belle épreuve.

769. Saint Jérôme dans une caverne (3). Superbe épreuve avec les coins au haut de la planche couverts d'eau-forte.

770. La Femme à la poire (14). Superbe épreuve signée au verso P. Mariette 1698.

BOLSWERT (SCHETTE-A.)

771. Sainte Famille, près d'elle des anges dansent pour amuser l'Enfant Jésus; d'après Ant. Van-Dyck. Très-belle épreuve avec l'adresse de Martin Van den-Enden.

BOLSWERT (Schelte-A.)

772. Sujets de vierges et de saintes. Six petites pièces.
Belles épreuves.

BONASONE (Jules)

773. Noé sortant de l'arche. Moïse ordonnant aux
Hébreux de ramasser la manne (B. 5). Deux pièces.
Très-belles épreuves.

774. La Mise au tombeau (44). La Vierge se reposant à
l'ombre d'un arbre (69). Deux pièces d'après le
Titien. Belles épreuves.

775. Saint Paul faisant fuir le démon sous la forme d'un
dragon (71). Saint Pierre et saint Jean guérissant le
boiteux à la porte du temple (73). Trois pièces.
Très-belles épreuves.

776. Silène monté sur un âne, se soutenant de chaque
côté sur un faune (88). Deux satyres amenant au
roi Midas Silène qui s'était égaré (89). Bacchus
couché sur un char traîné par des tigres (90). Trois
pièces. Très-belles épreuves.

777. L'Amour surpris dans les Champs-Élysées (101).
Cupidon assis près de sa mère dans un char chargé
d'attributs (105). Deux pièces. Très-belles épreuves.

778. L'Éducation de Jupiter par les Corybantes (107).
Neptune sous la forme d'un cheval jouissant de la
nymphe Phillare (108). Deux pièces. Très-belles
épreuves.

779. L'Enlèvement d'Europe (109). La déesse Flore assise
dans un jardin au milieu de plusieurs nymphes
(111). Deux pièces. Très-belles épreuves.

780. Quatre statues placées dans des niches, suite de
quatre estampes (140 à 143). Très-belles épreuves.

BONASONE (JULES)

781. Portrait de Michel-Ange Buonarotti (345). Superbe épreuve, avec marge.

782. Scipion blessé dans le combat donné près du Tessin, contre Annibal. Deux satyres amenant Silène au roi Midas. Bacchus couché sur un char. Mercure mettant entre les mains de Minerve une flûte à plusieurs tuyaux. Quatre pièces. Très-belles épreuves.

783. Sujets de l'Ancien et du Nouveau Testament, sujets de fantaisie, de l'histoire profane et de mythologie. Vingt-six pièces.

BOOM (A.-H.-V.)

784. Le Hameau (B. 1). Belle épreuve.

BOSSE (ABRAHAM)

785. L'Enfant prodigue, suite de six pièces (D. 34 à 39). Manque le numéro 35. Très-belles épreuves avec l'adresse de Leblond.

786. Les Vierges sages et folles. Suite de sept estampes (43 à 49). Manque le numéro 46. Belles épreuves.

787. L'Imprimeur, le Sculpteur, le Graveur. (186. 187. 188). Trois pièces. Belles épreuves.

788. Le Prévôt des marchands, suivi des échevins de la ville de Paris, vient complimenter le roi Louis XIII sur la prise de la Rochelle (1187). Très-belle épreuve.

789. L'Ordre et la disposition du marcher de MM. les chevaliers du Saint-Esprit. Disposition de la séance tenue à Fontainebleau, à la création de MM. les chevaliers. Disposition du festin fait par Sa Majesté à MM. les chevaliers (1208, 1209, 1210). Trois pièces. Belles épreuves.

BOSSE (Abraham)

790. Cérémonie observée au contrat du mariage passé à Fontainebleau en présence de Leurs Majestés entre Wladislas IV et Louise-Marie de Gonzague (1223). Très-belle épreuve.

791. Portrait de Callot (1234). Très-belle épreuve.

792. Le Maître d'école. — La Maîtresse d'école (1389. 1390). Très-belles épreuves.

793. Le Bal (1400). Belle épreuve.

794. La Vue, l'Ouie. Sujets de la vie de l'Enfant prodigue. Dix pièces. Belles épreuves.

795. Costumes de femmes. Huit pièces.

796. Cris de Paris, costumes militaires, etc. Seize pièces.

BOTH (Jean)

797. Les Paysages en hauteur. Suite de quatre estampes (B. 1. à 4). Très-belles épreuves du troisième état, avant que le nom de Matham ait été effacé.

798. Trois pièces de la même suite (1. 2. et 4). Très-belles épreuves du même état que les précédentes.

799. Les deux Mulets (4). Très-belle épreuve du deuxième état, avant le nom de Matham.

800. Le Chariot attelé de bœufs (2), avec le nom de Matham. Le Pont de pierre (5). Le Muletier (6), avant le nom du maître. Trois pièces. Belles épreuves.

801. Les paysages en largeur (5 à 10), suite de six estampes (manque le n° 7). Cinq pièces. Très-belles épreuves du deuxième état, avant le nom du maître et avant les numéros.

802. Les paysages en hauteur. — Les paysages en largeur (1 à 10). Dix pièces anciennes épreuves.

BOTH (ANDRÉ)

803. L'Hermite (B 1). Très-belle épreuve du premier état à l'eau-forte pure. Rare. Collection Debois.

804. Les Débauchés (8). — Les Ivrognes. Deux pièces. — Très-belles épreuves.

BOUCHER (FRANÇOIS)

805. Douze pièces, études d'après Watteau. _____

BOUCHER (D'après)

806. Les Charmes de la vie champêtre, gravé par J. Daullé. Très-belle épreuve, avec grande marge.

807. Le Mouton favorisé, gravé par Mme Jourdan. Très-belle épreuve avant la lettre.

808. Compositions diverses. Vingt-six pièces.

BOURDON (SÉBASTIEN)

809. Les OEuvres de Miséricorde, suite de sept pièces. Très-belles épreuves du premier état, avec l'adresse du maître.

810. La même suite. Belles épreuves.

811. Sainte Famille. — Paysages, etc. Dix-neuf pièces.

BOUT (PETER)

812. Les Marchandes de poisson (B. 1). — Les Patineurs (2). Le Traîneau (3). — Les Chasseurs (4). — La Jetée (5). Cinq pièces. Très-belles épreuves.

813. Les mêmes estampes, moins le n° 1. Quatre pièces. Belles épreuves.

BOYVIN (RENÉ)

814. Histoire de Jason et de la Conquête de la Toison d'or. — Vingt-deux pièces.

BRAUWER (ADRIEN)

815. Paysans vus à mi-corps, dans différentes attitudes. Sept pièces. Belles épreuves.

BREENBERG (BARTHOLOMÉE)

816. Ruines de Rome (B. 4, 7, 8, 9, 11, 12, 13, 14, 15, 16, 18. Les nᵒˢ 8 et 16 doubles.) Quatorze pièces. Très-belles épr.

817. Un Satyre maltraitant une Femme (20). Très-belle épreuve.

818. Le Messager empressé (22). — L'Auberge (23). — Enée sauvant son père Anchise, gravé par C. Vissher. Trois pièces. Belles épreuves.

819. Joseph faisant distribuer du blé pendant la famine en Égypte (W. 30). Belle épreuve avec l'adresse de P. Schenck.

BREUGHEL (D'après)

820. Compositions satiriques. Trente pièces. Belles épr.

BRIZIO (F.)

821. La Sainte Famille (B. 4). Belle épreuve du premier état.

BRONCHORST (JEAN-G.)

822. Jean de Laet, géographe et philologue flamand (B. 9). Très-belle épreuve. Rare.

823. Ruines de l'ancienne Rome (12 à 20), suite de neuf estampes. Très-belles épreuves, avant que les planches aient été diminuées.

BRONCHORST (Jean-G.)

824. Les mêmes estampes. Dix pièces, dont plusieurs doubles. Belles épreuves.

825. L'Arc triomphal de Constantin. Très-rare épreuve d'un premier état non décrit. Elle est à l'eau-forte pure et avant l'inscription.

826. Sujet de Ruines (22). Deux épreuves.

BRY (Théodore de)

827. Réunion de dames et de nobles vénitiens, d'après P. Véronèse. Belle épreuve.

828. Retour de Troupes. Très-belle épreuve.

829. Le Triomphe de Bacchus. Très-belle épreuve avec une petite marge.

BYE (Marc de)

830. Suite de huit estampes, représentant des Bœufs et des Vaches (B. 9 à 16.) Rares et superbes épreuves avant toute adresse et avant le nom du maître.

831. Différents sujets d'animaux. Cinquante-sept pièces. Anciennes et belles épreuves.

CABEL (Adrien vander)

832. Différents Paysages. Deux cents pièces, la plupart en anciennes épreuves.

CALLOT (Jacques)

833. La Carrière ou la rue Neuve de Nancy (M. 624). Belle épreuve du premier état avant l'adresse de I. Silvestre.

CALLOT (Jacques)

834. La Foire de Gondreville, près de Nancy (623). Très-belle épreuve du premier état, avant le nom du maître. Le coin supérieur, à gauche, est enlevé.

835. Les Gueux ou Mendiants, suite de vingt-cinq estampes (685-709). Très-belles épreuves du premier état, avant les numéros.

836. Quatre-vingt-huit pièces, tirées de différentes suites. Anciennes épreuves.

837. La Tentation de saint Antoine. — La Foire de Gondreville. — Combat de Veillane. — La grande Foire de Florence. Quatre pièces. Belles épreuves.

838. Le Massacre des Innocents. — La Petite Passion. — Saint Paul. — Le Porte-Dieu. — Les Martyrs du Japon. — Le Combat de Veillane, etc. Quinze pièces. Belles épreuves.

CANTARINI (Simon) dit le PESARESE

839. Son Œuvre (moins les n°⁵ 13, 14, 16, 19, 22, 35, 36 et 37). Vingt-cinq pièces. Belles épreuves.

840. Vingt-cinq pièces. Belles épreuves, dont plusieurs doubles.

CARAVAGE (Michel-Ange)

841. L'Incrédulité de saint Thomas. Belle épreuve.

CARRACHE (Louis)

842. La Vierge de l'An 1592 (B. 1). — La Sainte Vierge aux Anges (2.) — La Vierge et Saint-Joseph (4). Trois pièces. Très-belles épreuves.

CARRACHE (Augustin)

842

843. Jupiter et Antiope (B. 17). Très-belle épreuve.

844. Jésus-Christ montré au Peuple, d'après le Corrége (20). Très-belle épreuve.

845. Saint François en extase (67). — Saint François recevant les stigmates (68.) Deux pièces. Très-belles épr.

846. Saint Jérôme, d'après le Tintoret (76). Superbe épreuve d'un premier état, inconnu à Bartsch ; elle est avant les mots *cum privilegio*, placés au-dessous du livre.

847. La même estampe. Très-belle épreuve du même état.

848. Pan dompté par l'Amour (116). Très-belle épreuve.

849. Mercure et les Grâces (117). — Mars envoyé par Minerve (118). Deux pièces. Très-belles épreuves.

850. Les mêmes estampes. Belles épreuves.

851. Les deux Scènes de théâtre (121-122). Deux pièces. Belles épreuves.

852. Pièces lascives. Onze pièces. Très-belles épreuves.

853. Pièces lascives. Trente-six pièces.

854. Les Armes du Cardinal Peretti (176). — L'Éventail (260). Deux pièces. Très-belles épreuves.

855. La Sainte Famille (43). — Le Corps mort de Jésus-Christ (102), Épreuve avec l'adresse de Bertelli. — Le Retour d'Égypte, d'après L. Carrache, gravé par Brizio. Trois pièces. Très-belles épreuves.

CARRACHE (Annibal)

856. Suzanne (B. 1). Très-belle épreuve du premier état, avant la lettre.

CARRACHE (Annibal)

856 *bis*. La même estampe. Bel épreuve du même état que
la précédente.

857. L'Adoration des Bergers (2). Premier état avant le
nom du maître. — Le Couronnement d'épines (3).
Deux pièces. Belles épreuves.

858. Le Couronnement d'épines (3). Superbe épreuve.

858 *bis*. La même estampe. Très-belle épreuve.

857 *ter*. La même estampe. Belle épreuve.

859. Le Christ de Caprarole (7). Belle épreuve avant
l'adresse de N. Van Aelst.

860. La Sainte Vierge allaitant l'Enfant Jésus (6). — La
Sainte Famille (11). Épreuve avant la retouche. Deux
pièces. Belles épreuves.

861. La Vierge accompagnée de l'Ange (B. 7). — La Vierge
à l'Écuelle (9.) — La Sainte Famille (11). Trois pièces.
Très-belles épreuves.

862. La Vierge au Corbeau blanc (4). — La Sainte-Vierge
allaitant l'Enfant Jésus (6.) — La Vierge à l'Hiron-
delle (8.) — La Sainte Famille (11.) Épreuve avant la
retouche. Quatre pièces. Très-belles épreuves.

863. Saint Jérôme (13). — Autre saint Jérôme (14). Deux
pièces. Très-belles épreuves.

864. Les mêmes estampes. Belles épreuves.

865. La Madeleine (16). Très-belle épreuve avant les lettres
P. S. F.

866. La Soucoupe (18.) Belle épreuve.

CARRACHE (Les)

867. Saint Jérôme. — La Madeleine. — La Sainte Famille.
L'Éventail, etc. Seize pièces.

CARRACHE (Les)

868. La Sainte Famille. — Suzanne et les Vieillards. — La Soucoupe. — Mercure et les Grâces, etc. Dix-sept pièces.

869. Saints et Saintes. Vingt pièces.

CASCARET, CHAMETON
ET AUTRES ARTISTES LYONNAIS

870. Quatre-vingt quatre pièces gravées à l'eau-forte.

CASTIGLIONNE (Benedetto)

871. Sujets religieux et profanes. Études de têtes. Cinquante pièces gravées à l'eau-forte. Belles épreuves.

871 bis. Compositions diverses. Soixante pièces, dont quelques doubles.

CATHELIN (L.-J.)

872. Portrait de Joseph Vernet, d'après Vanloo. Très-belle épreuve avant toutes lettres.

CHAPRON (Nicolas)

873. Les Loges de Raphaël. Très-bel exemplaire avant l'adresse de Mariette.

873 bis. Le même Ouvrage. Bel exemplaire. Anciennes ép.

CHAUVEAU (J.)

874. La Vie de saint Bruno, d'après E. Lesueur. Vingt-deux pièces. Belles épreuves.

COCLERS (L.-B.)

875. Différentes Études. — Portraits. Vingt-six pièces gravées à l'eau-forte.

COURTOIS (JACQUES) dit le BOURGUIGNON

876. Son OEuvre complet. — Scènes militaires (R. D. 1 à 8.) — Combats et Batailles (9 à 12). — Quatre estampes pour la Guerre de Belgique, de Strada (13 à 16). Seize pièces. Belles épreuves.

877. Le même OEuvre, moins le numéro 2. Quinze pièces. Belles épreuves.

COUVAY

878. Le beau Séjour des cinq Sens. — Le Palais des facultés de l'âme. Deux pièces. Très-belles épreuves.

COYPEL (CHARLES)

879. Portrait de J. A. de Maroulle. Quatre pièces. Très-belles épreuves des premier, deuxième, troisième et quatrième états.

COYPEL (Les)

880. Démocrite. — Portrait de J. A. de Maroulle. — Le Satyre et les Amours, etc. Quatorze pièces dont plusieurs doubles.

COZZA (FRANÇOIS)

881. Le Sommeil de l'Enfant Jésus (B. 1). Très-belle épr.

882. La Vierge et l'Enfant Jésus. — La sainte Famille. — La Madeleine. — La Charité romaine, etc. Neuf pièces. Belles épreuves.

DALEN (C. Van)

883. L'Amiral Tromp assis sur un char traîné par des chevaux marins. Très-belle épreuve. Rare.

DE MARNE (Jean-Louis)

884. Son OEuvre comprenant quatre-vingt quatre pièces, gravées à l'eau-forte, dont quarante-trois différentes. Très-belles épreuves en différents états.

885. Quarante-deux pièces. Anciennes et belles épreuves.

886. Trente-six pièces. Belles épreuves.

DENNEL (A.-F.)

887. Dédicace d'un poëme épique, d'après P. A. Ville. Très-belle épreuve avec grande marge.

DENON (Dominique-Vivant)

888. Sujets religieux. — Chasses. — Études d'animaux. Sujets de genre. Soixante-dix-huit pièces gravées à l'eau-forte.

DESBOIS (Martial)

889. Portraits des Professeurs de l'Université de Padoue. Quatorze pièces. Très-belles epreuves.

DIEPENBEKE (A.)

890. L'Anier. — Femme nue assise sur un rocher. — Deux pièces. Belles épreuves.

DIETRICY (Chr.-Guill.-Ernest)

891. Nativité. Superbe épreuve du premier état, chargée de manière noire.

892. La même estampe. Très-belle épreuve du même état. Collection Debois.

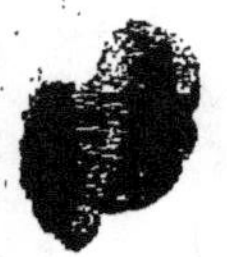

DIETRICY (Chr.-Guill.-Ernest)

893. Les Musiciens ambulants. Superbe épreuve avant le numéro et avec les travaux à la roulette très-apparents.

894. Le Marchand de lunettes. Très-belle épreuve du premier état, avant le ciel terminé et beaucoup d'autres travaux.

895. Le Rémouleur et le Savetier. Très-belle épreuve du premier état, avant beaucoup de travaux et avant la plume au chapeau du Rémouleur.

896. Le Charlatan. Superbe épreuve du premier état, avant le numéro. Les salissures de la planche sont très-apparentes.

897. L'Adoration des Bergers. — Jésus guérissant les malades. — Le Baptême de l'Eunuque. — Saint Jacques prêchant dans un village. — Vénus et les Amours. — Jeunes Filles à l'entrée d'une caverne. Pâtre appuyé sur une vache. Sept pièces. Très-belles épreuves.

898. Les mêmes estampes. Six pièces. Belles épreuves.

899. Le Charlatan. — Les Musiciens ambulants. — Le Rémouleur. — Le Vendeur de mort aux rats. — Scènes pastorales. — Vues et Paysages, etc. Soixante-dix pièces. Anciennes et belles épreuves.

900. Soixante-trois pièces. Anciennes épreuves.

DREVET (Les)

901. Mitantier (G. M.), d'après N. de Largillière. Épreuve avant toutes lettres, d'une copie en contre-partie.

902. Adrienne Lecouvreur. Très-belle épr.

DREVET (Les)

903. Le même Portrait. Très-belle épr. —————————

904. Louise-Adélaïde d'Orléans, abbesse de Chelles, d'ap. Gobert. Belle épr.

905. Tressan (Lavergne de), archevêque de Rouen. Pièce connue sous le nom du grand Bréviaire. Très-belle épr. du premier état, avant les noms des artistes.

906. B. Keller, cardinal de Rohan, P. Paillot, prince de Dombes, Maria Serre, Sinzendorf, Louis XV. Sept Portraits, belles épr.

DUCERCEAU (J.-A.)

907. Petites Arabesques. Vingt pièces, belles épr.

DUCLAUX (Antoine)

908. Son Œuvre, comprenant 125 pièces gravées à l'eau-forte, dont quarante différentes. Superbes épreuves, en différents états.

909. Quarante-huit pièces doubles, en différents états.

DUGHET (Gaspard)

910. Différents Paysages, d'après Foucquier. Vingt pièces, belles ép.

JARDIN (Karel du)

911. La Vache et le Veau (B. 3). Très-belle épr., avant le numéro.

912. La même Estampe. Belle épr. du même état.

913. Les deux Anes (6). Très-belle épr. du premier état, avant le numéro.

JARDIN (Karel du)

5 — 914. La Chèvre et les deux Moutons (7). Deux épreuves, probablement du premier état.

25 — 915. Les deux Hommes et la Pierre dans l'eau (10). L'Homme qui se chausse (11). Le Temple en ruine (12). Trois pièces, belles épr. du premier état, avant le numéro.

43 — 916. Les deux Cochons (15). Très-belle épr. du premier état, avant le numéro.

51 — 917. Le Goujat et les deux Anes (19). Très-belle épr. du premier état, avant le numéro.

204 — 918. Le Bœuf debout et le Veau couché (B. 30.) Superbe épr. du premier état, avant le numéro.

131 — 919. Le Mulet aux clochettes (29). Très-belle épreuve du premier état, avant le numéro; elle a une petite marge.

20 — 920. La même estampe. Belle épreuve, avant le numéro.

51 — 921. La Paysanne dans l'eau (37). Le Champ de bataille (28). L'Ane entre les deux Moutons (32). Trois pièces, belles épr. du premier état, avant le numéro.

11 — 922. Les Études de têtes (44). Très-belle épr. du premier état, avant le numéro, et avant les angles arrondis.

56 — 923. Les deux Moutons (40). Le Chien et le Chat (41). Le petit Paysage aux deux chèvres (47). Les Chèvres sur le rivage (48). Le Cheval de somme (49). Le Chariot devant l'auberge (50). Six pièces, belles épr. du premier état, avant le numéro.

20 — 924. Portrait de de Vos, poëte hollandais (52). Très-belle épr., avec marge.

JARDIN (KAREL DU)

925. Quatorze Pièces, anciennes épr.

926. Son OEuvre. Cinquante et une pièces, anciennes épr. — épreuves.

926 bis. Le même OEuvre.

DUNOUY (ALEXANDRE)

927. Paysages. Vues d'Italie. deux cent cinquante pièces·

DURER (ALBERT)

928. La Passion de Jésus-Christ (B. 4, 7, 8, 11, 14, 15, 16. 17). 8 pièces ; elles manquent de conservation.

929. La Vierge allaitant l'Enfant Jésus (34). Épr. de la plus grande beauté. Collection J. de St-Aubin.

930. La Vierge au Singe (42). Très-belle épr. Collection J. de St-Aubin.

931. Saint Christophe (52). Belle épr.

931 bis. La même estampe. Belle épr.

932. Saint Sébastien attaché à un arbre (55). Très-belle épreuve.

933. La Famille du Satyre (69). Très-belle épr. ; elle est doublée.

934. L'Enlèvement d'Amymone (B. 71). Superbe épr,

935. La même estampe. Belle épr., manque de conservation.

936. Le Paysan et sa femme (83). Belle épr.

937. Le Pourceau monstrueux (95). Belle épreuve, mal conservée.

DURER (ALBERT)

938. Érasme (107). Très-belle épreuve, manque de conservation.

939. Le Crucifiement (Pass 109). Copie.

DU SART (CORNEILLE)

940. Les Crieurs (B. 1). Premier état, avant le nom du maître; deuxième état, avec le nom; troisième état, la planche réduite en ovale. Trois pièces, très-belles épreuves.

941. Les deux Chanteurs (3). Premier état, avant que la planche ait été coupée en ovale. Le Couple ivre (7). Deux pièces, belles épr.

942. La Ventouse (12). Le Chirurgien de village (13). Le Cordonnier renommé (14). Trois pièces, belles épr.

943. Les mêmes estampes. Belles épr.

944. Le Cordonnier renommé (14). Superbe ép. du premier état, avant toutes lettres ; elle a de grandes marges.

945. La même estampe. Très-belle épr. du même état.

946. Le Violon assis (15). Superbe ép. du premier état, avant les travaux à la roulette. Très-rare.

947. La même estampe. Très-belle épr. du deuxième état, avec les travaux à la roulette, très-apparents.

948. La même estampe. Très-belle épr. du même état.

949. La Fête de village (16). Superbe épr.

950. La même estampe. Belle épr.

951. Deux pièces des Mois de l'année (22 et 25). La Famille de paysans (W. A.). La joyeuse Société (W. C.). quatre pièces, belles épreuves.

DUVET (Jean)

952. Des Animaux de toutes espèces, rassemblés sur les bords d'une fontaine (B. 42). Très-belle épreuve.

DYCK (Antoine van)

953. Le Christ couronné d'épines. Très-belle épreuve avec les mots : *et fecit aqua forti* ; mais avant le mot *regis*, à la suite des mots : *cum privilegio*. Elle est sur le côté gauche, rognée dans la gravure.

954. Breughel (Pierre), le jeune, dit le Drôle, peintre de scènes villageoises (W. 2). Quatrième état, très-belle épreuve.

955. Le même Portrait. Belle épreuve du même état.

956. Cornelissen (Antoine), d'Anvers, amateur de tableaux (3). Superbe épreuve d'un état non décrit, intermédiaire entre le premier et le second, avant toutes lettres extrêmement rare, sinon unique.

957. Le même Portrait. Très-belle épreuve de deuxième état décrit. Avant le nom du graveur et avec l'adresse de Martin van den Enden.

958. Le même Portrait. Belle épreuve du même état.

959. Frank (François), peintre d'histoire (6). Très-belle épreuve du quatrième état, avec le nom du personnage écrit Uranx, et avec les lettres G. H.

960. Le Roy (Philippe, baron), seigneur de Ravels (7). Très-belle épreuve du cinquième état, la planche terminée.

961. Momper (Josse de), peintre de paysages (8). Très-belle épreuve du quatrième état avec les lettres G. H.

962. Oort (Adam van), peintre d'histoire (10). Très-belle épreuve avec les lettres G. H.

DYCK (ANTOINE van)

963. Le même Portrait. Belle épreuve du même état.

964. Snellinx (Jean), peintre d'histoire (12). Belle épreuve du quatrième état, avec les lettres G. H.

965. Le même Portrait, seconde planche (13). Très-belle épreuve du deuxième état, avant le nom du graveur et avec l'adresse de Martin van den Enden.

966. Le même Portrait. Belle épreuve du troisième état, avec le nom de P. de Jode et l'adresse de Martin van den Enden.

967. Snyders (François), peintre de chasses, d'animaux et de fruits (14). Belle épreuve du troisième état, la planche entièrement terminée par Jacques Neefs, avec les lettres G. H.; elle a de grandes marges.

968. Suttermans (Juste), peintre de portraits et d'histoire (16). Très-belle épreuve du troisième état, avec le nom du personnage écrit Citermans, et avec les lettres G. H.

969. Triest (D. Antoine), évêque de Gand (17). Très-belle épreuve du deuxième état, avant que le mot *topairha* ait été corrigé, et avant le nom du graveur. Très-rare.

970. Le même Portrait. Belle épreuve du troisième état.

971. Vosterman (Lucas) (18). Superbe épreuve du deuxième état ; avant le fond, mais avec le trait carré et le titre *Lucas Vorsterman, calcographies aut verpiæ in Geldria natus. Ant. Van Dyck aqua forti.* Extrêmement rare.

972. Le même Portrait. Belle épreuve, tirée sur papier à la folie.

973. Vos (Guillaume de), peintre d'histoire (19). Très-belle épreuve du deuxième état, avant la lettre.

DYCK (Antoine van)

974. Vos (Paul de), peintre de batailles et de chasses (20). Belle épreuve du troisième état, avec l'adresse de J. Meyssens.

975. Le même Portrait. Belle épreuve du même état. Manque de conservation.

976. Wæl (Jean de), peintre d'histoire (24). Très-belle épreuve du quatrième état, avec les lettres G. H.

977. Le même Portrait. Belle épr. du même état.

978. Cornelissen, van Dyck, Érasme, François Franck, van Oort, Paul Pontius, Ant. Triest, Snyders, Suttermans, Paul de Vos, Vosterman, Jean de Wael. Douze pièces, belles épreuves.

979. Van Dyck, P. Breughel, J. Breughel, A. Cornelissen, Érasme, Josse de Momper, van Oort, Jean Snellinx, Juste Suttermans, Paul de Vos, Guillaume de Vos, Vosterman, Jean de Wael, Antoine Triest, Paul Pontius, Snyders, Van den Wouwer. Dix-sept pièces, très-belles épr., avec de grandes marges.

DYCK (D'après Antoine van)

1000 Chrétien, évêque postulé de Halberstadt. Très-belle épreuve du premier état, avant toutes lettres. Rare.

1001. Wenceslas Cœberger, peintre et architecte. — Corneille Sachtleven, peintre de sujets de familles. — deux pièces gravées par Lucas Vosterman Très-belle épreuve du premier état avant le nom du graveur.

1002. Deodat Delmont, gravé par Vosterman très-belle épreuve avec le nom du graveur et l'adresse de Martin van den. Enden.

DICK (D'après Antoine van)

1003. Nicolas Rokox, ancien conseiller de la ville d'Anvers, quatre pièces. Belles épreuves des troisième, quatrième, sixième et huitième états.

1004. Déodat Delmont, Pierre de Jode, Henri Stenwyck, Ericus Puteanus, Palamèdes Palamedessen, Catherine Howard. six pièces, gravées par Vosterman, Pontius et P. de Jode. Très-belles épr. de deuxième état avec l'adresse de Martin van den Enden.

1005. Antoine de Bourbon, Lucie Percy, D. Delmont, Henri Liberti. Ant. Van Opstal, Michel Le Blon, Charles de Mallery, César Scaglia, etc. dix pièces gravées par P. de Baillu, L. Vosterman, Matham, P. de Jode et P. Pontius. Belles épreuves.

1006. Trente portraits gravés par Bolswert, P. Pontius, Vosterman, etc.

1007. Trente-quatre portraits gravés par Vosterman, Paul Pontius, C. Galle, etc. Très-belles épreuves avec de grandes marges.

1008. Sainte Famille gravée par Bolswert. Saint Hermand gravé par P. Pontius. Jésus saisi par les Juifs, gravé par Soutman. Martyre d'une sainte, etc. Dix-huit pièces.

EARLOM (R.)

1009. Cent vingt-huit pièces. Paysages d'après Cl. le Lorrain. Anciennes et très-belles épreuves.

ECHARD (C.)

1010. Paysages. Études d'animaux. Cinquante-cinq pièces gravées à l'eau-forte, dont plusieurs doubles en différents états.

ÉCOLE ALLEMANDE

1011. La Vierge au Singe. Porte-enseigne. Les trois Paysans, etc., par A. Durer. Copies d'après Beham Aldegrever. Trente-cinq pièces.

1012. Étude de cinq figures, par A. Claas. Une Maison d'architecture gothique par Mair. Cartes par V. Solis. Saint Jean, par M. Schonguauer. Triomphe de Bacchus, par Th. de Bry, etc. Dix-huit pièces.

1013. Les Travaux d'Hercule, Trajan. Les six Triomphes, Dix-huit pièces par Aldegrever, Beham et G. Pentcz.

1014. Sainte Famille, Saint Élie, Saint Jean l'Évangeliste, portraits. Seize pièces gravées sur bois par A. Durer, Beham, Van Sichem, etc.

1015. La Chasse à l'ours, gravée par Hirschvogel. Quatre paysages par Lautensack. Cinq pièces. Belles épr.

ÉCOLE ANGLAISE

1016. La Mort du général Wolf, par Woollett. Sainte Famille, par Strange. La Forge par Earlom, etc. Huit pièces. Belles épreuves.

ÉCOLE FLAMANDE

1017. La Tentation, la Madeleine, par Goltzius. Diverses compositions gravées par Blœmaert, Hondius, etc. seize pièces. Belles épreuves.

ÉCOLE DE FONTAINEBLEAU

1018. Adam et Ève (B. 3, des graveurs anonymes). Très-belle épreuve.

ÉCOLE DE FONTAINEBLEAU

1019. Trente-cinq pièces gravées par René Boyvin, Léon Davent, D. Fiorentino. Maîtres anonymes, etc. Belles épreuves.

ÉCOLE FRANÇAISE

1020. Quatorze pièces gravées à l'eau-forte par Bellangé, Lebrun, Rabasse et Leclerc.

1021. Douze pièces gravées à l'eau-forte par J. Vien et Pierre.

1022. Vingt-sept pièces gravées à l'eau-forte par Lebrun, Ferdinand, le Lorrain, Loir et Mignard.

1023. Quarante pièces gravées à l'eau-forte par Cl. Hallé, Nardois, de La Rue, Dumont le Romain et P. Mignard.

1024. Compositions diverses gravées à l'eau-forte par Dassonville. La Tentation de saint Antoine. La Cuisine flamande par Duvivier, etc. Vingt-huit pièces. Belles épreuves.

1025. Sujets religieux d'après S. Bourdon et Stella. Six pièces gravées par Van Schuppen, Poilly. G. Huret. Très-belles épreuves.

1026. Moïse tenant les tables de la loi, d'après Philippe de Champagne. La Femme adultère. Différentes compositions d'après Coypel, Mignard, etc. seize pièces. Belle épreuves.

1027. Vingt pièces d'après de Troy, Raoux, Leclerc, Queverdo, Jeaurat, etc. Belles et anciennes épreuves.

1028. Quinze pièces gravées par et d'après Moreau, Eisen Gravelot, etc. Belles épreuves.

ÉCOLE FRANÇAISE

1029. Vignettes, culs-de-lampe, compositions diverses. Soixante-quatre pièces. Belles épreuves.

1030. Vignettes d'après Moreau, Marillier, Eisen, etc. Quarante pièces.

ÉCOLE ITALIENNE

1031. Buste de Jules César. Portrait de Jules III, par Baptista Roselius, etc. Sept pièces. Belles épreuves.

1032. Dix-huit pièces gravées par Torbido del Moro, Meldola, etc.

1033. Vingt-deux pièces gravées à l'eau-forte par Calletti, Balestra, le Guerchin, Passari, Tréva, etc.

1034. Vingt-huit pièces gravées à l'eau-forte par le Guerchin, J. Impériale, Procaccini, Stephani, F. Vanni.

1035. Trente pièces gravées à l'eau-forte par Balestra, Borgiani, Diamantini, O. Fialetti, etc.

1036. Trente deux pièces gravées à l'eau-forte par Badalocchio, Canuti, le Guerchin, Triva, etc.

1037. Trente pièces gravées à l'eau-forte par Carpioni, Del Moro, Farinati, Sirani, Schidone, etc.

1038. Trente-cinq pièces gravées à l'eau-forte par Faccini, le Guerchin, C. Maratte, S. Rosa, F. Vanni, etc.

1039. Trente pièces gravées à l'eau forte par Balestra, Borgiani, O. Fialetti, F. Vanni, etc.

1040. Quarante pièces gravées gravées à l'eau-forte par Campi, Crespi, Lana, Podesta, Strada, etc.

1041. Quarante pièces gravées à l'eau-forte par Carpioni, Faccini, Giminiani, Carlo Maratte, Palma, Valezio, etc.

8

ÉCOLE ITALIENNE

1042. Quarante pièces gravées à l'eau-forte par C. Maratte, Del Moro, Farinati, Palma, Sirani, etc.

1043. Quarante pièces gravées à l'eau-forte par Amato,
Canuti, Podesta, Schiaminozzi, Salembini, etc.

1044. Cinquante pièces gravées à l'eau-forte par Cavedone,
Diamantini, Liagno, Stephani, Schidone, etc.

1045. Vingt-trois pièces gravées par le Maître au Dé,
Martin Rota, etc. Belles épreuves.

ECKHOUT (G. Vanden)

1046. Femme âgée, représentée à mi-corps, assise devant
une table sur laquelle elle tient de ses deux mains
un livre presque fermé. Très-belle épreuve.

EDELINCK (Gérard)

1047. Jean-Jacques Keller, commissaire ordinaire des
fontes de l'artillerie de France (R. D. 229). Très-
belle épreuve avant toute lettre.

1048. Louis XIV, en costume d'empereur romain, est assis
dans un char traîné par deux lions (251). Premier état
non décrit, avant toutes lettres. Deuxième état avec
l'inscription sur la banderolle dans la marge du
bas. Troisième état. L'inscription effacée et la tête
changée, trois pièces. Très-belles épreuves.

1049. Nicolas Vérien, graveur de devises et cachets (335).
Très-belle épreuve du deuxième état avant le nom
des artistes.

1049 *bis.* Le même portrait. Belle épreuve.

1050. V. Bertin, N. Blampignon, L. de Lavergne de
Tressan, Ch. M. Letellier, Claude de Sainte-Marthe,
etc. six portraits. Belles épreuves.

ÉDELINCK (GÉRARD)

1051. Vingt-cinq portraits de différents personnages tirés
de l'ouvrage : Les Hommes illustres, de Perrault.
Très-belles épreuves.

EDELINCK (N.)

1052. N. Samson, conseiller d'État, géographe. Belle
épreuve avant la lettre.

ERHARD (J.-C.)

1053. Scènes militaires, paysages. Cinquante pièces gravées à l'eau-forte. Belles épreuves.

EVERDINGEN (ALDERT van)

1054. La Cabane de pêcheurs, au bord de l'eau (B. 13.
Dr. 12). Très-belle épreuve du premier état avant
les travaux additionnels au burin.

1055. Le Hameau à la pente d'une montagne (B. 17. D. 16).
Très-belle et rare épreuve du premier état. A l'eau-
forte pure.

1056. La Figure à cheval sur le pont de pierre (B. 22.
D. 21). Belle épreuve du deuxième état, avec la bordure faible. Manque de conservation.

1056 *bis*. Les Chaumières au bord d'un torrent (B. 36. D.
36). Très-belle épreuve du premier état, avec la bordure faible.

1057. L'Homme à l'ouverture de la haie délabrée (B. 39.
D. 39). Très-belle épreuve du premier état, avec la
bordure faible.

EVERDINGEN (Albert van)

1058. La Rivière au bas du grand rocher (B. 44. D. 44). Très-belle épreuve du premier état. Les angles sont aigus et les nuages légèrement indiqués.

1059. Marine à travers le rocher percé (B. 47. D. 47). Belle épreuve du deuxième état, avant que la bordure ait été renforcée, mais avec les travaux additionnels.

1060. La Nacelle retirée au bord de l'eau (B. 52. D. 52). Très-belle épreuve du deuxième état. Le ciel légèrement indiqué, la bordure est faible.

1061. Le Chariot au défilé (B. 57. D. 57). Très-belle épreuve du deuxième état avant le trait carré renforcé au burin. Les angles sont arrondis.

1062. Le Moulin à eau au pied d'une montagne (B. 64. D. 64). Très-belle épreuve du premier état. La planche est sale et irrégulière en bas. La bordure est faible.

1063. Les Pins dans l'eau (B. 68. D. 68). Très-belle épreuve du premier état. La planche est sale et le ciel légèrement indiqué. La bordure est faible.

1064. Le Paysan à cheval (B. 69. D. 69). Très-belle épreuve du deuxième état. Les ombres au pied de la butte ont été éclaircies. La bordure est faible.

1065. La Femme regardant la nacelle (B. 75. D. 76). Très belle épreuve du deuxième état. Le ciel est indiqué. La bordure est faible.

1066. La Chaumière affaissée (B. 76. D. 77). Belle épreuve du dernier tirage du premier état. Le contour du corps de l'homme qui s'éloigne est interrompu sur le côté éclairé, mais les angles ont été arrondis.

EDERVENGEN (Albert van)

1067. Le Moulin sous la chute d'eau (B. 78. D. 79). Très-belle épreuve du premier état, avant beaucoup de travaux, notamment sur le ciel, qui n'est que très-finement indiqué.

1068. La Branche d'arbre (B. 79. D. 80). Très-belle épreuve du deuxième état. Le ciel est légèrement indiqué, quelques travaux additionnels ont été ajoutés.

1069. La large rivière (B. 82. D. 86). Superbe épreuve du premier état, à l'eau-forte pure.

1070. La Grange au toit mouvant (B. 83. D. 87). Superbe épreuve du premier état, à l'eau-forte pure.

1071. Le Clocher (B. 84. D. 88). Superbe épreuve du premier état, à l'eau-forte pure.

1072. Les deux Chariots (B. 85. D. 89). Superbe épreuve du premier état, à l'eau-forte pure.

1073. Le Berger (B. 87. D. 91). Superbe épreuve du premier état, à l'eau-forte pure.

1074. La Forêt épaisse (B. 89. D. 84). Très-belle épreuve du deuxième état, avant que la planche ait été nettoyée.

1075. Les deux Échelles (B. 90. D. 92). Superbe épreuve du premier état, à l'eau-forte pure.

1076. Les Cabanes (B. 92. D. 94). Superbe épreuve du premier état, à l'eau-forte pure.

1077. L'Homme entre deux pins (B. 93. D. 95). Superbe épreuve du premier état, à l'eau-forte pure.

1078. Le Quartier de rocher (B. 94. D. 97). Superbe épreuve du premier état, la planche plus grande, avant le ciel et la bordure.

EVERDENGEN (Albert van)

1079. Les Fontaines d'eaux minérales. Second morceau (B. 96. D. 99). Très-belle épreuve du deuxième état avant que la bordure ait été renforcée.

1080. Le Roman du Renard. Trente-sept pièces. Anciennes épreuves. La plupart ont de grandes marges.

X 1081. Soixante-dix-neuf pièces, la plupart anciennes épreuves.

1082. Quatre-vingt-onze pièces, dont plusieurs doubles.

FABER (Frederic)

1083. Études d'animaux, Vues et Paysages. Cinquante-cinq pièces gravées à l'eau-forte.

FALCK (Jérémie)

1084. Jean-Christophe de Konigsmarck, d'après D. Beck. Belle épreuve.

FAITHORNE (Guillaume)

1085. Portrait de François Rous, directeur du collége d'Éton. Belle épreuve.

FERDINAND (L.)

1086. Nicolas Poussin, d'après V. E. Très-belle épreuve avec marge.

FIALETTI (Odoardo)

1087. Les Jeux de l'amour (B. 5 à 19). Suite de quinze pièces. Très-belles épreuves.

1087 *bis*. La même suite. Belles épreuves.

FICQUET (ETIENNE)

1088. Prosper Jolyot de Crébillon. Très-belle épreuve du deuxième état, avant le nom des artistes.

1089. Le même portrait. Belle épreuve du même état.

1090. La Fontaine (Jean de). Très-belle épreuve, avant le nom sur la tablette et avant le nom des artistes dans la marge du bas.

1091. Jean-François Reguard. Très-belle épreuve avant les noms des artistes.

1092. L'Arioste, épreuve avant la lettre, La Mothe Levayer, Crébillon, Mme de Maintenon, Regnard, J.-B. Rousseau, six portraits. Belles épreuves avec marge.

1093. Corneille, Descartes, Fénelon, Montaigne, J.-J. Rousseau, Voltaire, six portraits. Belles épreuves avec marge.

1094. L'Arioste, Crébillon, Fénelon, Montaigne, La Mothe Levayer, Mme de Maintenon, Regnard, Voltaire, huit portraits. Belles épreuves.

1095. Douze portraits tirés de l'ouvrage de la Vie des Peintres, de Decamps. Très-belles épreuves, sept sont avant la lettre.

FLAMEN (ALBERT)

1097. Livre d'oiseaux (R. D. 402 à 413). Suite de douze estampes. Belles épreuves.

1098. La même, suite, moins le titre. Belles épreuves.

1099. Première, seconde et troisième partie des diverses espèces de Poissons de mer (415 à 450). Trente-six pièces. Très-belles épreuves avec l'adresse de Van Merlen.

FLAMEN (Albert)

1099 *bis*. La première et la seconde, suite. Vingt-quatre pièces. Belles épreuves.

1100. Première et seconde partie des Poissons d'eau douce (451 à 474). Vingt-quatre pièces. Belles épreuves avec l'adresse de Van Merlen.

1101. Poissons d'eau douce et de mer. Dix pièces. Belles épreuves avant les numéros.

1102. Différentes vues, Paysages. Dix pièces. Belles épreuves.

1103. Vues des environs de Paris, Paysages, Poissons d'eau douce et de mer. Oiseaux. Cent-dix pièces. Belles épreuves.

FLINDT (Genre de)

1104. Les Laboureurs, la Chasse au sanglïer. Deux pièces ovales sur une même feuille. Belle épreuve.

FOCK (H.)

1105. Paysages. Soixante-douze pièces gravées à l'eau-forte. Belles épreuves en différents états.

FOCUS (Georges)

1106. Son OEuvre, moins le numéro 1 (R. D. 1 à 7), quinze pièces dont plusieurs doubles. Très-belles épreuves du premier état. Les numéros 3, 5 et 6 sont à l'eau-forte pure.

1107. Le même OEuvre. Quatorze pièces dont plusieurs doubles. Belles épreuves, la plupart du premier état.

FORSTER (François)

1108. La Vierge de la maison d'Orléans, d'après Raphaël. Très-belle épreuve avant toutes lettres, sur papier de Chine.

FRAGONARD (Honoré)

1109. Quatre Bacchanales (de B. 6 à 9). Belles épreuves avec de grandes marges.

1110. La même suite. Belles épreuves.

1111. Bacchanales, Études diverses. Cinquante pièces.

FRAGONARD (D'après)

1112. Les Hasards heureux de l'escarpolette. Gravé par Delaunay. Très-belle épreuve à l'eau-forte.

1113. La même estampe. Très-belle épreuve à l'eau-forte, l'état de la planche est plus avancé.

1114. La bonne Mère. Gravée par Delaunay, rare épreuve à l'eau-forte.

1115. Le Contrat, le Verrou. Deux pièces gravées par Blot, belles épreuves.

1116. Le Contrat. Belle épreuve.

FREUDENBERG

1117. La Toilette, le Déjeuner. Deux charmantes pièces faisant pendants. Très-belles épreuves avec une petite marge. Rares.

FREY (J. de)

1118. Son Œuvre en trois cent six pièces. Magnifique collection, probablement unique, comprenant tous les états des planches depuis l'épreuve d'essai jusqu'à l'état de la planche terminée. Épreuves superbes. Collection Verstolk de Soelen.

FREY (J. de)

1119. Quatre-vingt-dix pièces dont plusieurs doubles. Très-belles épreuves, avant et avec la lettre.

FRANCO (Jean-Baptiste)

1120. Sujets de l'Ancien et du Nouveau Testament, Sujets de mythologie et de l'histoire profane, etc. Quinze pièces. Très-belles épreuves.

1121. Compositions diverses, vingt et une pièces. Belles épreuves.

FYT (J.)

1122. Différents animaux (B. 1 à 8). Suite de huit estampes. Très-belles épreuves avant le nom du maître e l'adresse de Van Merlen sur la première pièce.

1123. La même suites. Belles épreuves.

1124. Les Chiens (B. 9 à 16). Suite de huit estampes. Très-rares et superbes épreuves du premier état avant les travaux éclaircis près des animaux et avant que le nom de Fyt, tracé très-largement à l'eau-forte au premier morceau, ait été effacé. Le second morceau est avant que les deux derniers chiffres de l'année 1642 et le no 8 qui suit cette année aient été effacés et remplacés par ces deux autres chiffres 62 placés à rebours.

GELÉE (Claude), dit LE LORRAIN

1125. La Fuite en Égypte (R. D. 1). Très-belle épreuve du premier état.

1126. La Danse au bord de l'eau. Troisième état. Très-belle épreuve.

1127. La Tempête. Très-belle épreuve.

GELÉE (Claule), dit LE LORRAIN

1128. Le Bouvier. Troisième état. Épreuve de la plus grande beauté.

1129. Le Dessinateur (9). Très-belle épreuve.

1130. La Danse sous les arbres (10). Deuxième état. Très-belle épreuve.

1131. La même estampe. Belle épreuve.

1132. Le Port de mer au fanal (11). Très-belle épreuve.

1133. Scène de brigands (12). Belle épreuve.

1134. Le Port de mer à la grosse tour (13). Deuxième état. Très-belle épreuve.

1135. Le Pont de Bois (14). Très-belle épreuve.

1136. Le Départ pour les champs (16). Deuxième état. Très belle épreuve.

1137. Mercure et Argus (17). Premier état. Très-belle épreuve.

1138. Le Temps, Apollon et les Saisons (20). Deuxième état. Très-belle épreuve.

1139. Berger et bergère conversant (21). Deuxième état. Très-belle épreuve.

1140. Le Campo-Vaccino (23). Belle épreuve.

1141. Les Trois Chèvres (26). Superbe épreuve du premier état, les marges sont chargées de coulures d'eau-forte.

1142. Une des pièces de la suite des Feux d'artifice (39). Pièce rare.

GELÉE (Claude), dit **LE LORRAIN**

1443. Le Soleil couchant, Départ pour les champs, le Dessinateur, le Naufrage, Mercure et Argus, Enlèvement d'Europe, Berger et Bergère conversant, la Tempête, Le Troupeau en marche par un temps orageux, le Campo-Vaccino. Dix pièces, anciennes épreuves.

GENOELS (Abraham)

1144. Son OEuvre complet. Cent pièces gravées à l'eau-forte dont plusieurs doubles en états différents. Belles épreuves.

1145. Le même OEuvre. Cent-soixante pièces.

GÉRARD (Marguerite)

1146. Monsieur Fanfan (de B. 4). Très-belle épreuve du premier état, avant l'adresse de Naudet et avant le titre.

GESSNER (Salomon)

1147. Différents Portraits, Vignettes, Culs-de-lampe, Paysages, etc. Cent quatre-vingt-dix pièces gravées à l'eau-forte. Belles épreuves.

1149. Illustrations pour différentes suites. Quatre-vingt-quinze pièces. Belles épreuves.

1150. Sujets de la Fable. Idylles et scènes champêtres. Paysages dédiés à R. Wattelet. Trente-deux pièces formant trois suites complètes. Belles épreuves.

GHISI (Georges), dit **LE MANTOUAN**

1151. Jésus-Christ attaché à la croix (B. 8.). Très-belle épreuve. Rare.

CHISI (Georges), dit **LE MANTOUAN**.

1152. La Dispute sur le Saint-Sacrement, d'après Raphaël (23). Très-belle épreuve.

1153. Caïus Marius assis dans les prisons de Minturne, d'après Polydore de Caravage (26). Superbe épr.

1154. Le perfide Sinon venant faire une fausse confidence aux Troyens, d'après J.-B. Ghisi (28). Belle épreuve.

1155. Les Plafonds ovales, d'après le Primatice ; suite de quatre estampes (48-51). Belles épreuves.

1156. Le Jugement de Pâris, d'après J.-B. Ghisi (60). Très-belle épreuve.

1157. Caius Marius assis dans les prisons de Minturnes (26). — Les Grecs entrant dans la ville de Troye (29). — Cupidon couché sur un lit près de Psyché (45). — La Calomnie accusant l'Innocence (64). — Une prison où sont des criminels enchaînés de diverses manières (66). Cinq pièces. Belles épreuves.

GHISI (Diane)

1158. La Sainte Vierge assise sur des nues (B. 15). Très-belle épreuve avec marge.

1159. Latone mettant au monde Apollon et Diane, d'après Jules Romain (39). Très-belle épreuve.

GHISI (Les)

1160. Le Christ attaché à la croix. — La Sainte Famille. — La Sainte Vierge saluant sainte Élisabeth. — Orion portant la déesse Diane. — Les Troyens repoussant les Grecs, etc. Huit pièces. Belles épreuves.

1161. Sujets de vierges, sujets de mythologie. Quinze pièces. Belles épreuves.

GHISI (Les)

1162. Sujets de mythologie et de l'histoire profane. Vingt-six pièces.

GILLOT (Claude)

1163. Quatre pièces. Bacchanales. Très-belles épreuves, avec grandes marges.

1163 *bis*. Les mêmes estampes, dessus de clavecin. Cinq pièces. Belles épreuves.

1164. Compositions diverses. Vingt pièces.

GOLTZIUS (Henri)

1165. Les Chefs-d'OEuvre. Suite de six estampes (B. 15 à 20). Très-belles épreuves.

1166. La Passion de Jésus-Christ (27 à 38). Suite de douze estampes. Belles épreuves. Les numéros 4 et 12 sont tachés d'huile.

1167. Le Triomphe de la Guerre. Pièce allégorique (108). Très-belle épreuve du premier état, avant les mots *Currus Belli*, au milieu du haut de la planche. Rare.

1168. La même estampe. Épreuve du deuxième état.

1169. Nicquet (177). Très-belle épreuve.

1170. Jean Zurenus (189). Très-belle épreuve avec l'écusson d'armes.

1171. Un Officier de guerre (218). Très-belle épreuve.

1172. Vénus assise au pied d'un arbre, tenant des raisins d'une main, et recevant de l'autre des épis de blé que l'Amour lui présente; d'après A. Carrache (257). Très-rare et superbe épreuve avant toutes lettres.

GREUZE (J. B.).

1173. La jeune Savoyarde (de B. 4). Très-rare épreuve du premier état, non décrit, à l'eau-forte pure, avant que le trait qui entoure le sujet ait été renforcé et avant l'initiale de l'auteur.

1174. La même estampe. Très-belle épreuve du deuxième état. (C'est celui décrit.)

1175. La jeune Savoyarde (de B. 2). Très-belle épreuve.

1176. La jeune Savoyarde (1 et 2). Deux pièces. Belles épr.

GREUZE (D'après)

1177. La Dame bienfaisante. — Le Gâteau des Rois. — La Mère bien-aimée. Trois pièces. Très-belles épreuves.

1178. Têtes de différents caractères, gravées par Weisbrod et Ingouf. Vingt pièces dont plusieurs doubles. Très-belles épreuves.

1179. La Privation sensible Thaïs. — Têtes de différents caractères. Trente pièces. Belles épreuves.

GOÜDT (Henri, comte de)

1180. Six pièces de son œuvre. Anciennes épreuves.

GRIMALDI (Jean-François), dit LE BOLOGNESE

1181. Son Œuvre, moins les n°s 11, 14, 20, 56 et 57 (B. 1 à 57). Soixante-six pièces. Belles épreuves, la plupart du premier état, plusieurs doubles avec différences.

1182. Cinquante-six pièces. Belles épreuves.

GROBON (Jen-Michel)

1183. Vues de Lyon et de ses environs. Paysages. Vingt-six
pièces gravées à l'eau-forte. Très-belles épreuves
dont plusieurs doubles en différents états.

HACKAERT (Jean)

1184. Différents Paysages (B. 1 à 6). Suite de six estampes.
Très-belles épreuves.

1185. La même suite, moins le n° 3. Cinq pièces. Belles
épreuves.

HAEFTEN (Nicolas van)

1186. Portrait de Nicolas Van Hæften (B. 1). Très-belle
épreuve.

1187. Les Fumeuses (4). — Le Pêcheur (9). Deux pièces.
Belles épreuves.

1188. Portrait du baron Jean-Frédéric Karg (W. 39). Très-
belle épreuve.

1189. La Déclaration d'amour (W. 18). Le Docteur de
l'urine (W. 19). — Le Repas des trois Commères
(W. 22). — Jeune Fille assise la tête appuyée sur le
bras droit (W. 23). — Demi-figure d'Héraclide (W.
28). —Buste d'une Vieille (W. 35). — Jeune Femme
assise et tenant une pipe (W. 37). Six pièces. Belles
épreuves.

HECKE (Jean van den)

1190. Différents Animaux (B. 1 à 12). Suite de douze estampes. Belles épreuves du deuxième état, avant que
l'adresse de Jacobus de Man (Junior), sur le titre,
ait été effacée.

1191. La même suite. Belles épreuves.

HECKE (Jean vanden)

1192. Les Maraudeurs (13). Très-belle épreuve du premier
état avant que la bordure ait été renforcée.

HILLEMACHER (Frederic)

1193. Son œuvre. Soixante pièces gravées à l'eau-forte, en
différents états.

HOLSTEYN (Pierre)

1194. Jean Huydecooper, d'après Jansen. — Jacques Van
der Burch, d'après G. Terburg. 2 épreuves. Portrait
d'homme, par Munnickuysen. Quatre pièces. Superbes épreuves avant toutes lettres.

HOPFER (Lés)

1195. Gonzalve de Cordoue. Intérieur d'église. Reliquaire.
Trophée d'armes, etc. Quatorze pièces, plusieurs sont
avant les numéros.

HOLLAR (Wenceslas)

1196. La Tour de Saint-Rombaut, à Malines. Très-belle
épreuve.

1197. Sainte Catherine, d'après Raphaël. — Assomption de
la Vierge. — Études d'après L. de Vinci. — Sujets
d'animaux d'après A. Durer. Vingt-deux pièces dont
plusieurs doubles. Belles épreuves.

1198. Vues de Londres, d'Angleterre et d'Allemagne.
Trente-huit pièces. Belles épreuves.

1199. Quarante-sept pièces de différentes suites. Belles
épreuves.

1200. Marines. — Paysages. — Études d'Amours. — Portraits. Cent vingt pièces, anciennes épreuves.

HOLLAR (Wenceslas)

1201. Différents Oiseaux et Animaux. Cinquante-cinq
pièces. Belles épreuves.

1202. L'Aretin. — Rubens. — Henriette d'Angleterre. —
Della Casa. — Arcolano Armasodrito. — Van der
Borcht. — Van Nes, — Van Veen. Douze portraits.
Belles épreuves.

1203. Joh. Thompsonn. — Jacob, Gabriel et Alexandre
Roelans, Augustin Wichmann. Portraits, d'après
Holbein. Onze pièces. Belles épreuves.

HUQUIER

1204. Attributs de chasse. Six pièces. Belles épreuves.
1205. La même, suite. Belles épreuves.

HUTIN (Charles, François et Pierre.)

1206. Sujets de l'Ancien et du Nouveau Testament. Les
sept Œuvres de Miséricorde. Sujets mythologiques.
— Fontaines. — Tombeaux. Quarante-sept pièces.
Très-belles épreuves, la plupart du premier état.

1207. Différentes compositions. Trente-huit pièces. Belles
épreuves.

INGOUF, FICQUET et autres

1208. Molière, Malherbe, Mme Deshoullières, Mme de Maintenon. Comte d'Estaing, etc. Vingt portraits. Belles
épreuves.

JORDAENS (Jacques)

1209. Jésus chassant les vendeurs du temple. — La Descente de Croix.— Jupiter et la chèvre Amalthée. —
Cacus dérobant les vaches d'Hercule. — Mercure
coupe la tête à Argus. — Jupiter arrêtant Io. Six
pièces gravées à l'eau-forte. Très-belles épreuves.

JORDAENS (Jacques)

1210. Cinq pièces de la même suite. Belles épreuves. —

JORDAENS (D'après)

1211. La Fuite en Égypte. — L'Adoration des Bergers. Deux pièces gravées par P. Pontius et P. de Jode. Superbes épreuves.

1212. Le Satyre chez le Paysan. — Mercure et Argus. Deux pièces gravées par Bolswert et Vosterman. Superbes épreuves.

1213. Saint Martin de Tours. — L'Adoration des Bergers. — La Fuite en Égypte. — Martyre de sainte Apolline. — Le Satyre chez le Paysan. — Pan jouant de la flûte pastorale. Six pièces gravées par P. de Jode, P. Pontius, Marinus, Vosterman, etc. Très-belles épreuves.

KLEIN (J.-A.)

1214. Scènes militaires — Études d'animaux, etc. Cent pièces gravées à l'eau-forte, dont plusieurs doubles en différents états.

KILIAN (Lucas)

1215. Personnages étrangers. Seize pièces. Belles épreuves.

KABELL junior (Henri)

1216. Vue d'une grande Chaumière et d'une Grange à foin, au bord de la mer. 4 épreuves différentes. Vue d'un canal de Hollande. 2 épreuves différentes. Six pièces. Belles épreuves.

KOBELL (Ferdinand, François et Guillaume)

1217. Leurs OEuvres. Cinq cents pièces dont un grand nombre de doubles en différents états.

KOLBE (Charles-Guillaume)

1218. Suite de Vingt-cinq paysages, d'après Salomon Gessner. Très-belles épreuves, avec de grandes marges.

1219. La même. Suite.

1220. Paysages. Études de plantes. Cent pièces. Belles épreuves.

KONINCK (Salomon)

1221. Buste d'homme (72). Très-rare épreuve à l'eau-forte pure. La même estampe terminée. Deux pièces.

KOOGEN (Leonard vander)

1222. L'Homme de douleurs (B. 1.) — Saint Sébastien (2). Saint Bavon (3). Trois pièces. Très-belles épreuves.

1223. Un Guerrier debout vu par le dos (4). Autre Guerrier vu également par le dos (5). Guerrier assis sur deux marches (7). La Femme portant la cruche (8). Quatre pièces. Très-belles épreuves.

KRUG (Louis)

1224. L'Adoration des Rois (B. 2). Très-belle épreuve. Collection Debois.

LAER (Pirre de)

1225. Différents Animaux (B. 1 à 8). Suite de huit estampes. Très-belles épreuves. Collection Verstolk de Sœlen.

1225 *bis*. La même suite. Belles épreuves. Collection Camberlyn.

1225 *ter*. La même suite. Belles épreuves.

LAER (PIERRE de)

1226. Différents Chevaux (9 à 14). Suite de six estampes.
Belles épreuves.

1227. La Famille (15), deux épreuves. — Le Paysage (18),
deux épreuves. — Le Cavalier (20), deux épreuves.
Six pièces.

LA HYRE (LAURENT de)

1228. Vingt-cinq pièces gravées à l'eau-forte.

LAIRESSE (GÉRARD de)

1229. Son OEuvre. Cent-cinquante pièces. Très-belles
épreuves. 1 vol. grand in-folio oblong.

LAURENT (HENRI)

1230. La Communion de saint Jérôme, d'après le Dominicain. Très-belle épreuve avant la lettre.

LECLERC (SÉBASTIEN)

1231. L'Apothéose d'Issis. Premier, deuxième et troisième
états. Très-belles épreuves.

1232. Puer Parvulus. Deux épreuves dont l'une est avant
la lettre. Petites Batailles. Dix-sept pièces. Belles
épreuves.

LE FEBURE (CLAUDE)

1233. Charles Patin (R. D. 3). Superbe épreuve d'un premier état non décrit, avant toutes lettres.

1234. Le même Portrait. Belle épreuve du premier état
décrit.

1235. Alexandre Boudan, imprimeur en taille douce (2).
Superbe épreuve.

LENFANT (J.)

1236. Darly, F. de Harlay, Cl. Jegou, G. de Nesmond, G. de Sève de Rochechouart, etc. Six portraits. Très-belles épreuves.

LEONE (Ottavio), dit LE PADOUAN

1237. VIngt-huit Portraits d'artistes et de personnages inconnus. Très-belles épreuves.

1238. Vingt-trois Portraits d'artistes. Belles épreuves.

LEONE (G.)

1239. Sujets d'animaux. Trente pièces. Belles épreuves.

LE PRINCE (Jean-Baptiste)

1240. Son œuvre. Deux cents pièces en différents états. Belles épreuves.

1241. Cent cinquante-six pièces. Belles épreuves.

LEYDE (Lucas de)

1242. David jouant de la harpe devant Saül (B. 27). Très-belle épreuve; elle est doublée.

1243. La Vierge avec l'enfant Jésus, assise dans un paysage (84). Superbe épreuve.

1244. La Promenade (144). Belle épreuve, rognée tout autour de la planche.

1245. Les sept Vertus. Vieille à la grappe de raisin. Le Baptême, etc. Dix-neuf pièces.

LIOTARD (J.-F.)

1246. Son Portrait gravé par lui-même. Très-belle épreuve. Rare.

LIVE (A.-L. de la)

1247. Ange-Laurent de La Live, introducteur des ambassadeurs, d'après Greuze. La tête est gravée par A. de Saint-Aubin. Très-belle épreuve. Très-rare.

LIVENS (Jean)

1248. La Sainte-Vierge avec l'Enfant Jésus (B. 1.). Très-rare et superbe épreuve d'un premier état non décrite, avant toutes lettres, avant le trait carré inférieur et grand nombre de travaux, notamment les contre-tailles sur la robe de la Vierge, au-dessus de la poitrine de l'Enfant Jésus. Collection du comte de Fries.

1249. La même estampe. Superbe épreuve avant les initiales I. I., au coin du haut de la gauche.

1250. Saint Jérôme (5). Très-rare et superbe épreuve du premier état, avant que la planche ait été réduite.

1251. La même estampe. Très-rare et belle épreuve d'un état intermédiaire entre le premier et le deuxième état décrits; la planche est coupée à la grandeur ordinaire, mais elle est avant l'adresse de François Van Wyngaerde.

1252. La même estampe. Belle épreuve avant que l'adresse de F. Van Wyngaerde ait été effacée.

1253. Saint François. Épreuve d'eau-forte pure d'un premier état non décrit, avant grand nombre de travaux; le fond est blanc au-dessus de la tête et des épaules du personnage. Extrêmement rare. Collection Robert Dumesnil.

1254. La même estampe. Très-belle épreuve avant que la planche ait été réduite et avant les initiales du maître.

LIVENS (Jean)

1255. La même estampe. Belle épreuve de la planche coupée.

1256. Saint Antoine. Très-belle épreuve du premier état avant les travaux sur la natte qui lui sert de dossier, et avant les initiales, au haut de la droite.
La même estampe. Belle épreuve du deuxième état.

1257. Mercure et Argus (10). Superbe épreuve d'un état non décrit, avant les initiales du maître et avant l'adresse de François Van Wyngaerde.

1258. Les Joueurs et la Mort (11). Très-belle épreuve du premier état, avec l'adresse de Martin Van den Enden. Collection Robert Dumesnil.

1259. Daniel Heinsius (57). Superbe épreuve du premier état, avec l'adresse de Martin Van den Enden.

1260. Jacques Gouter (59). Très-belle épreuve.

1261. Différents bustes d'hommes et de femmes (B. 15, 17, 26, 29, 33, 34, 38, 45, 46, 55). Dix pièces. Belles épreuves.

1262. Têtes orientales et Bustes d'hommes (B. 18, 20, 21, 22, 23). Huit pièces, dont plusieurs doubles. Belles épreuves.

LOLI (Laurent)

1263. Saintes Familles, Sujets religieux, Sujets mythologiques. Vingt-trois pièces. Belles épreuves.

LOMBART (P.)

1264. Duchesse de Portsmouth, d'après P. Lely. Très-belle épreuve.

LONDONIO (François)

1265. Études d'animaux. Cinquante pièces. Belles épr. la plupart avant le numéro.

1265 *bis*. Les mêmes estampes. Quarante-huit pièces. Belles épreuves.

1266. Études d'animaux. Quarante-huit pièces. Belles épreuves.

LOUTHERBOURG (Ph.-Jacpues)

1267. La bonne petite Sœur. Très-rare épreuve à l'eau-forte pure, avant toutes lettres.

1268. La même estampe. La Tranquillité champêtre. Deux pièces. Très-belles épreuves avant que l'inscription ait été changée.

1269. Les mêmes estampes. Deux pièces. Très-belles épreuves avant l'adresse de Martinet. Elles sont toutes marges.

1270. Différentes compositions, gravées à l'eau-forte et au burin. Quatre-vingt-quatorze pièces. Belles épr.

LOUYS (Jacques)

1271. Ambroise Spinola, d'après V. Dyck. Superbe épreuve avant le numéro.

LUTMA (Jean), le fils

1272. Portrait de Jean Lutma le père. Buste de Tacite. Deux pièces. Belles épreuves.

MAAS (Dirck)

1273. Le Manége. Suite de neuf estampes en largeur. Très-belles épreuves.

MAAS (Dirck)

1274. La même, suite. Belles épreuves.

1275. La Manége, suite de cinq estampes en hauteur, dont une gravée en manière noire. Belles épreuves.

Maître anonyme flamand du XVIᵉ siècle

1276. Jésus-Christ célébrant la cène avec ses disciples. Très-belle épreuve.

Maître anonyme allemand du XVIᵉ siècle

1277. Adam et Ève dans le paradis terrestre. Grande pièce ovale gravée dans le goût de J. Ammon.

Maitre P. V. H.

1278. Différents Chiens. (1, 5, 7, 9, 10, 12, 14). Sept pièces. Belles épreuves. Le numéro 5 est avant le numéro

1279. Les mêmes estampes. Huit pièces, dont plusieurs doubles.

MANGLARD (Adrien)

1280. Son OEuvre complet (R. D. 1 à 44). Belles épreuves du premier état.

1280 *bis*. Le même OEuvre, moins le numéro 44. Belles épreuves.

MANTEGNA (André)

1281. Jésus-Christ descendant aux limbes (B. 5). Très-belle épreuve. Elle est doublée et mal conservée.

1282. La Résurrection, Hercule et Anthée. Le Sénat de Rome, par Jean de Bresse. Bacchus par Francai. Quatre pièces.

MARATTE (Carlo)

1283. Quatre-vingts pièces, gravées à l'eau-forte. Belles épreuves.

MARCENAY DE GUHY (Antoine de)

1284. Son OEuvre complet (1 à 65), comprenant trois cent quinze pièces, savoir : 37 dessins, dont 7 n'ont point été gravés, et 278 pièces, superbes épreuves en différents états, depuis l'épreuve d'essai jusqu'à l'état de la planche terminée. Magnifique et précieuse collection, probablement celle formée par l'artiste.

1285. Le même OEuvre. Cent quarante pièces en différents états. Très-belles épreuves.

1286. Le même OEuvre. Cent vingt pièces. Très-belles épreuves avant et avec la lettre.

MARTINI

1287. Coup d'œil de l'Exposition de peinture au salon du Louvre en 1785. Très-belle épreuve avec marge.

MASSON (Antoine)

1288. Marin Cureau de La Chambre (R. D. 24). Très-belle épreuve du premier état.

1289. Pierre Dupuis, peintre de fleurs (25). Superbe épreuve.
Le même personnage. Très-belle épreuve.

1290. Guise (Marie de Lorraine, duchesse de), princesse de Joinville (32). Belle épreuve avant le lapin, à la suite du mot *pinxit*.

MASSON (Antoine)

1291. Harcourt (Henri de Lorraine, comte d'), grand écuyer de France (37). Très-belle épreuve avant le chiffre 4, dans la marge du côté gauche. *hc*

1292. Marie de Lorraine, duchesse de Guise. Catherine de Seine, par Lepicié. Deux pièces, belles épreuves.

MATHAM (J.)

1293. Jean Baning, deux épreuves, dont l'une est avant l'inscription sur le socle et le nom de Matham; Pierre Bos, historien, d'après Hals; Graswinkel; Homme tenant un verre à la main. Cinq pièces. Très-belles épreuves.

MATHONIÈRE (Nicolas de), *excudit*

1294. Cérémonie du mariage de Louis XIII, roi de France, avec Anne d'Autriche; de Philippe d'Autriche avec Élisabeth de France. Pièce historique, in-fol. en larg. Très-rare.

MARTINET (Ch.)

1295. Le Délire. — Le Bouquet déchiré. Deux pièces, d'après Duclos. Belles épreuves.

MATSYS

1296. Le Bon Pasteur (B. 25). Très-belle épreuve.

MAUPERCHÉ

1297. Paysages. Vingt-deux pièces différentes. Très-belles épreuves.

MAUPERCHÉ

1298. Paysages. Quatre-vingt pièces. La plupart doubles.

MAZZUOLI (Francesco), dit LE PARMESAN
(Par et d'après)

1299. Différentes compositions. Quarante pièces, gravées à l'eau-forte. Belles épreuves.

MELDOLLA (A.)

1300. Le Jugement de Pâris (79). Très-belle épreuve.

MELLAN (Claude)

1302. Saint Pierre Nolasque. Très-rare et superbe épreuve avant les contre-tailles sur la tablette, où se trouve l'inscription du nom du saint, et avant les mots : *Cum p^{in}. sup.* Anno 1627, en bas du texte.

1303. La même estampe. Belle épreuve.

1304. Bentivoglio, C. Faure, M. de Marolles, Dreux d'Aubray, F. de Villemontée, Cl. de Rebe. Six portraits. Belles épreuves.

1305. Quatre-vingts pièces. Compositions diverses. Belles épreuves.

MEYER (Melchior)

1306. Apollon faisant écorcher le satyre Marsyas. Très-belle épreuve.

MEYER (F.)

1307. Paysages et portraits gravés à l'eau-forte. Cent pièces.

MEYERINGH

1308. Son OEuvre complet (B. 1 à 26). Belles épreuves.

1309. Trente et une pièces, doubles de la suite précédente. Très-belles épreuves, plusieurs avec des différences (Collection Camberlyn).

MIELE (Jean)

1310. Le Berger (B. 1). La Vieille (2). L'Épine dans la plante
du pied (3). Le Berger qui trait une brebis (rare).
Quatre pièces, belles épreuves.

1311. Les mêmes estampes. Trois pièces.

1312. Le Siége et la prise de Maestricht (4 et 5). La Prise
de la ville de Bonn, par le prince de Chimay, en 1588
(6). Trois pièces. Belles épreuves avec grandes
marges.
La même, suite. Belles épreuves.

MILLET (Francisque)

1313. Les deux Amants (B. 1). Belle épreuve.

MOLITOR (Martin)

1314. Son OEuvre, gravé à l'eau-forte. Cent trente pièces
en différents états.

MORO (Angeli-Jean-Baptiste d'), surnommé DEL

1315. Jupiter et une nymphe (B. 4). Très-belle épreuve.

1316. L'Oiselerie de la mort (36). Belle épreuve. Rare.

MOLYN (P· de)

1317. Différents paysages ornés de figures (B. 1 à 4), suite
de quaire estampes. Autre paysage. (W. 1 du supplément). Cinq pièces. Belles épreuves

MONTAGNE ou de **PLATE MONTAGNE** (Michel)

1318. Marines. Paysages. Trente-quatre pièces différentes. Très-belles épreuves, la plupart du premier état.

1319. Paysages, Marines. Vingt-sept pièces. Belles épr.

MOOR (Charles de)

1320. Jean Van Goyen, peintre. Belle épreuve.

1321. Le même portrait. Belle épreuve avec grande marge.

MOREAU (J.-M.) le jeune

1322. Louis Auguste, dauphin de France, d'après Hall. Très-belle épreuve avec grande marge.

MORIN (Jean)

1323. Arnauld d'Andilly (Robert), R. D. 42). Très-belle épreuve.

1324. Bentivoglio (Guido), cardinal (43). Superbe épreuve.

1325. Borromée (Saint Charles) (46). Belle épreuve.

1326. Brachet de La Milletière, 48). Très-belle épreuve.

1327. Berthier (Pierre), évêque de Montauban (44). Chrystin (51). Deux pièces. Belles épreuves.

1328. Gondy (Jean-François-Paul de), coadjuteur de Paris (54). Très-belle épreuve.

1329. Grimberghe (Honorine), comtesse de Bossu (56). Très-belle épreuve du premier état, avant que le nom du peintre ait été effacé.

1330. La même estampe. Belle épreuve.

1331. Jansénius (Corneille) évêque d'Ypres (61). Très-belle épreuve.

MORIN (Jean)

1332. Louis XI (63). Belle épreuve.

1333. Le Président de Maisons (65). Très-belle épreuve.

1334. Michel de Marillac, garde des sceaux (66). Très-belle épreuve.

1335. Maugis des Granges (Pierre) (67). Très-belle épreuve.

1336. Jacques Lemercier, architecte (69). Très-belle épreuve.

1337. Philippe II (71). Très-belle épreuve.

1338. Sales (Saint François de) (73). Belle épreuve.

1339. Dom Jean-Grégoire Tarisse, général de la Congrégation de Saint-Maur (75). Très-belle épreuve.

1340. Michel Le Tellier (76). Très-belle épreuve d'un premier état, non décrit, avant que le cuivre ait été dressé. Les angles sont aigus. Superbe épreuve avec marge.

1341. Le même portrait. Belle épreuve.

1342. Thou (Augustin de) (77). Superbe épreuve.

1342 bis. Le même portrait. Très-belle épr. avec marge.

1343. Thou (Jacques-Auguste de), président des enquêtes du parlement de Paris (79). Superbe épreuve du premier état, avant plusieurs travaux dans le visage, notamment avant les trois grandes rides horizontales du front.

1344. Le même portrait. Belle épreuve.

1345. Villemontée (François de) (86). Belle épreuve.

1346. Nicolas de Neufvillé, marquis de Villeroy (87). Belle épreuve.

MORIN (JEAN)

1347. Antoine Vitré (88). Belle épreuve.

1348. Le Président de Maisons, Corneille Jansénius. Deux portraits, belles épreuves.

1349. Arnauld d'Andilly, Brachet de La Milletière, M. Letellier, M. de Marillac, Au. et Ch. de Thou. Six portraits. Belles épreuves.

1349 *bis*. G. Franck, P. Maugis, N. de Netz, N. de Neufville, C. de Thou, Jacques Tubœuf. Six portraits. Belles épreuves.

1350. Brachet de La Milletière, Chrystin, N. de Netz, Potier de Gesvres, Vignerod, Villemontée. Six portraits. Belles épreuves.

1351. Brachet de la Milletière, P. Camus, Chrystin, Comtesse du Bossu, J. Franck, Charles de Valois. Six portraits. Belles épreuves.

1352. Sainte Famille, l'Assomption de la Vierge, la mise au tombeau, saint Bernard, etc. Neuf pièces. Belles épreuves.

1353. Différents paysages. Dix-huit pièces. Belles épr.

1354. Les mêmes estampes. Dix-huit pièces. Belles épr.

1355. Différents paysages. Cinquante pièces.

MOUCHERON

1356. Paysages et vues de Hollande. Cent trente-cinq pièces. Anciennes épreuves.

MOYAERT

1357. Sujets de l'ancien Testament : le Pâtre, le troupeau, douze pièces. Belles épreuves.

10

MÜLLER (Jean)

X 1358. Jean Sweling, Musicien et organiste à Amsterdam (B. 22). Superbe épreuve du premier état, non décrit, avant toute lettre et avant la réduction de la planche.

NAIWYNCK (H.)

1359. Différents paysages (B 9 à 16). Suite de huit estampes. Très-belles épreuves tirées avant que l'adresse de Clément de Jonghe ait été effacée et remplacée par celle de Covens et Mortier.

1360. Différents paysages (B 5, 12, 15). trois pièces. Belles épreuves.

NANTEUIL (Robert)

1361. Jacques Amelot, premier président de la cour des aides (R. D. 19). Très-belle épreuve du premier état.

1362. Beaumanoir de Lavardin (Philibert-Emmanuel de). Evêque du Mans (34). Très-belle épreuve du premier état.

1363. Le même personnage (35). Très-belle épreuve du premier état.

1364. Bellièvre (Pompone de), premier président au parlement de Paris (37). Belle épreuve.

1365. Pierre Bouchu, abbé de La Ferté, puis de Clairvaux (47). Très-belle épreuve du premier état.

1366. Bouillon (Frédéric-Maurice de la Tour d'Auvergne, duc de), (49). Bouillon (Godefroy-Maurice de la Tour d'Auvergne, duc de) (50). Deux portraits. Belles ép.

NANTEUIL (Robert)

1367. Bouthilier (Victor le), archevêque de Tours (54). Très-belle épreuve du premier état.

1368. Christine, reine de Suède (67). Belle épreuve.

1369. Coislin (Pierre du Cambout, cardinal de) (69). Belle épreuve du premier état.

1370. Le même personnage (70). Très-belle épreuve du premier état.

1371. De Sève (Alexandre), conseiller d'État, prévost des marchands (82). Très-belle épreuve.

1372. Doni-d'Attichy (Louis), évêque d'Autun (83.) Très-belle épreuve.

1373. Dorieu (Jean), président en la cour des aides (84). Très-belle épreuve.

1374. Dunois (Jean-Louis-Charles d'Orléans Longueville, comte de) (86). Très-belle épreuve.

1375. Dupuy (Les deux frères Pierre et Jacques sur la même planche) (89). Belle épreuve du premier état.

1376. Espernon (Bernard de Foix de la Valette, duc d') (91). Très-belle épreuve du premier état.

1377. Le même portrait. Belle épreuve du premier état.

1378. Foucquet (Nicolas), surintendant des finances (98). Très-belle épreuve du deuxième état.

1379. Hesselin (Louis), conseiller d'État (109). Très-belle épreuve tirée sans la bordure. (?)

1380. Le même personnage (110). Très-belle épreuve du premier état.

NANTEUIL (Robert)

1381. Le Pautre (Antoine), architecte et ingénieur (127).
Belle épreuve du premier état; elle est tachée de
fumée.

1382. Le Tellier (Michel), ministre d'État, puis chancelier
et garde des sceaux de France (130). Superbe
épreuve.

1383. Louis XIV (152). Très-belle épreuve.

1384. Louis XIV (155). Très-belle épreuve du premier
état.

1385. Maisons (René de Longueil, marquis de), surintendant des finances (166). Belle épreuve.

1386. Mazarin (Jules), cardinal, ministre d'État (175).
Très-belle épreuve du premier état.

1387. Le même personnage (177). Belle épreuve.

1388. Le même personnage (184). Belle épreuve.

1389. Péréfixe de Beaumont (Hardouin de), archevêque de
Paris (211). Belle épreuve du premier état.

1390. Sarrasin (Jean-François), homme de lettres (220).
Très-belle épreuve, du deuxième état. Elle a une
grande marge.

1391. Scuderi (Georges de), membre de l'Académie française (221). Très-belle épreuve du premier état.

1392. Séguier de Saint-Brisson (Pierre), prevost de Paris
(224). Très-belle épreuve avec grande marge.

1393. Le même portrait. Belle épreuve.

1394. Servien (François), évêque de Bayeux, (225). Superbe épreuve du premier état.

NANTEUIL (Robert)

1395. Le même portrait. Très-belle épreuve du même état.

1396. Steenberghen (Jean-Baptiste Van), conseiller du Roi au conseil de Flandre (226). Très-belle épreuve du premier état.

1397. J. Amelot, Melchior Gillier, Georges Scudery. Trois pièces. Très-belles épreuves.

1398. P. du Cambout, de Coislin, François Bosquet, Melchior Gillier. trois pièces. Belles épreuves.

1399. Le Bouthillier, Pierre-Jeannin Guillaume Lamoignon, Michel Le Masle, Lomenie de Brienne. Cinq pièces. Belles épreuves.

1400. Pierre Jeannin, Pierre Lallemant, Michel Le Masle, Lamothe-Levayer, Mazarin. Cinq pièces. Belles épreuves.

1401. Maridat de Serrières, Gilles Menage, Jean Sarrazin, Georges de Scudery. Quatre pièces. Belles épreuves.

1402. Beaumanoir de Lavardin, L. Hesselin, M. Letellier, Mazarin, Charles d'Orléans, comte de Dunois. Sept pièces. Belles épreuves.

1403. Le Bouthillier, C. Faure, G. de Lamoignon, D. de Ligny, P. Dupuy, P. Poncet, duc de Longueville, Van Steenberghen, C. Thévenin. Dix pièces. Belles épreuves.

1404. Le Bouthillier, J. de Castelnau, F. Chaubard, C. Faure, H. Feret, N. Leboultz, H. de Savoie, Cl. Thévenin. Dix pièces.

NEYTS (Gilles)

1405. Le Cavalier (B. 6). Superbe épreuve du premier état ; tirée avant que le trait carré ait été renforcé et avant toute adresse. Elle a une petite marge. Très-rare en cet état. 1

1406. La même estampe. Belle épreuve du troisième état.

1407. Le Palfrenier (B. 7.) Très-belle épreuve du deuxième état avec l'adresse de J. Huyssens.

NOLPE (Pierre)

1408. Rupture de la digue de Saint-Antoine, hors d'Amsterdam. — Une tempête. Deux pièces. Belles épr.

NOORDT (J. van)

1409. Paysage entouré de ruines, d'après P. Lastman. Très-belle épreuve du premier état, avant que le nom du peintre, celui du graveur et la date aient été effacés et remplacés par l'adresse de de Witt.

NYPOORT (J. van den)

1410. Intérieur de chambre, dans un ovale en hauteur : on y remarque sur le devant une femme assise donnant la main à un enfant; derrire elle un buveur debout entre deux hommes assis, l'un vu de face, l'autre vu de dos. Très-belle épreuve.

1411. La même estampe. Intérieur de cabaret. Deux pièces. Belles épreuves.

NORBLIN

1412. Soixante-cinq pièces, dont plusieurs doubles en différents états.

OS (P. van)

1413. Études d'animaux gravées à l'eau-forte. Quarante-six pièces dont plusieurs doubles.

OSSENBEECK (J.)

1414. La Caffarelle (B. 25), Très-belle épreuve du premier état avant que la planche ait été réduite.

1415. La même estampe. Belle épreuve du même état.

PANNEELS (GUILLAUME)

1416. Différentes compositions, la plupart d'après Rubens. Trente-deux pièces.

PATER (JEAN-BAPTISTE)

1417. Réunion de plusieurs personnages, les uns assis à terre, les autres debout. Très-belle épreuve ; elle est un peu tachée d'huile.

1418. La même estampe.

PENCTZ (GEORGES)

1419. Médée (B. 71), Mutius Scœvola (B. 74). Deux pièces. Superbes épreuves.

1420. Holopherne à table avec Judith (B. 24). Horatius Coclès défendant lui seul la tête du pont de Rome (80). Porsenna recevant la nouvelle de l'évasion de Clélie (81). Trois pièces. Superbes épreuves.

1421. Le Toucher (109), L'Arithmétique (113). L'Astrologie (116). Trois pièces. Très-belles épreuves.

1422. La prise de Carthage, d'après J. Romain. Très-belle épreuve avant l'adresse de Salamanque ; elle manque de conservation et doublée.

1423. Arthemise. — Sophonisbe. — Horatius Coclès. — Tarquin et Lucrèce. — Médée, etc. Douze pièces.

PESNE (Antoine)

1424. Nicolas Poussin (R. D. 6). Très-belle épreuve du premier état, avant l'adresse d'Audran et avant la troisième taille sur les plis du manteau.

PITAU (Nicolas)

1425. La Vierge à la Bénédiction, d'après Raphaël. Première et très-belle épreuve avant la draperie sur l'Enfant Jésus.

1426. Th. Bignou, N. Colbert, J. du Boulay, H. de Péréfixe, B. Priolus, D. Sanguin, P. Séguin. Sept portraits. Belles épreuves.

POPELS (Jean)

1427. Jacques Stovius, gantois. Très-belle épreuve avec marge.

PORPORATI (Charles)

1428. OEnone et Pâris, d'après Adrien Vander Werff. Belle épreuve avant la lettre d'une estampe gravée en manière noire. La même estampe avec la lettre. Le Coucher, d'après Vanloo. Trois pièces.

PORTO (Giovanni-Baptista del), dit LE MAITRE A L'OISEAU

1429. Léda et ses enfants (B. 3). Très-belle épreuve. Rare.

POTTER (Paul)

1430. Différents bœufs et vaches (B. 1 à 8). Suite de huit estampes. Très-belles épreuves du deuxième état, avec l'adresse de Clément de Jonghe sur la première pièce.

1431. La même suite. Belles épreuves avec l'adresse de F. de Witt.

POTTER (Paul)

1432. La Vache debout près de celle qui est couchée (2). La Vache qui pisse (6). Deux pièces. Belles épreuves avant les numéros.

1433. Le Vacher (B. 14). Très-belle épreuve du troisième état, avant l'adresse de F. de Witt.

1433 *bis*. La même estampe. Du même état.

1434. Le Berger (B. 15). Superbe épreuve du deuxième état avant l'adresse de Clément de Jonghe ; elle a une petite marge. Très rare.

1435. La même estampe. Belle épreuve du troisième état, avec l'adresse de Clément de Jonghe.

1436. La même estampe. Belle épreuve, avec l'adresse effacée.

PORTRAITS

1437. Allegrain, F. de Troy, S. Leclerc, Carle Vanloo. Quatre pièces gravées par Klauber et Delaunay. Très-belles épreuves avant la lettre.

1438. Ant. Coypel, F. de Troy, Cl. Hallé, Bon de Boullogne, J. Jouvenet, etc. Six pièces gravées par Duchange, Poilly, de Larmessin, Tardieu et Trouvain.

1439. F. Boucher, Ant. Coypel, Dietricy, S. Leclerc, Leramberg. Six pièces gravées par Carmona, Duchange, Schmutzer, Delaunay et Muller. Belles épreuves.

1440. De Bourlon, évêque de Soissons, D. de Cosnac, évêque de Valence, P. Petau, Cl. Lepelletier, D. Sanguin, Fréd. Léonard. Six pièces gravées par Landry, Boulanger, etc.

PORTRAITS

1441. De Bourlon, D. de Cosnac, Charles Coypel, Jean B. Deconte, P. Emery, etc. Sept pièces gravées par Landry, Boulanger, Balechou, Moyreau, etc.

1442. Crebillon, Rollin, comte de Vergennes, Senac de Meilhan, Dalembert, etc. Sept pièces gravées par Balechou, Bervic, etc. Belles épreuves.

1443. M. Letellier, Paul Petau, D. Sanguin, F. Léonard, C. Lepelletier, etc. Six pièces gravées par Van Shuppen, Lombart, Pitau, etc.

1444. Marie-Louise de Tassis, par Vermeulen ; Catherine Neufville, par Grignon ; Madeleine de Créquy, par Van Merlen ; Madame Le Petit, par Trouvain ; Anne d'Autriche, par M. Lasne. Cinq pièces. Très-belles épr.

1445. Marin Cureau de la Chambre, Louis comte de Créquy, Le Poussin, Charles Patin, etc. Dix pièces gravées par Masson, Pesne, Lefébure, etc.

1446. Ch. Patin, Dalembert, Jansenius, Clément, le prince de Galles, le cardinal Fleury. Quinze pièces gravées par Lefébure, Henriquez, Habert, Wille, Thomassin, etc.

1447. Le comte d'Estaing, par Barbier, épreuve avant la lettre, Lantara, deux épreuves dont une avant la lettre, Louis XV, Paul-André de Saint-Marc, par Gaucher, Pierre de la Broue, Jean Soanen, épreuve avant la lettre, etc. Dix pièces. Très-belles épr.

1448. Comte d'Estaing, par Gaucher ; D. Baurneville, d'après Carmontelle ; Delille, par Vangelisty, etc. Huit pièces. Belles épreuves.

PORTRAITS

1449. Van der Cabel, gravé par Bouchet ; Boudan, par Lefébure ; Carlo Cignani, par Thomassin, épreuve
avant la lettre ; Antoine Rivaltz, par B. Rivaltz ;
Jacques Stella. Deux épreuves dont l'une avant la
seconde ligne dans l'inscription, etc. Dix pièces.
Belles épreuves.

1450. Balthazar Castiglione, l'Arioste, Erasme, Frobe-
nius, quatre pièces gravées par Persyn, Hondius et
L. Vissher. Très-belles épreuves.

1451. G. Flinck, duc d'Olivarès, Otto Wenius, B. Castiglione, D. Orel. Neuf pièces gravés par Bloteling,
Pannels, Persyn, etc. Belles épreuves.

1452. Éphraïm Bonus, Huygens, Érasme, François Delbœ
Sylvius, Louis de Dieu, Paracelse, etc. Quatorze
pièces gravées par Jean Livens, Vosterman, Van
Sompel, etc.

1453. A. Durer, Della Bella, Karel Dujardin, Daniel
Seghers, Balthazar Castiglione, etc. Quinze portraits gravés par Stock, Hollar, Paul Pontius, Persyn, etc. Belles épreuves.

1454. Le Chevalier Marin, Mélanchton, Jean Hus, Jacques
de Thou, Ronsard et sa maîtresse, etc. Vingt pièces
gravées par Briot, René Boyvin, Lochon, etc.

POUSSIN (D'après NICOLAS)

1455. La Charité romaine, Jésus et la Samaritaine, l'Assomption de la Vierge, sainte Famille, d'après Raphaël, etc. Cinq pièces gravées par Pesne. Belles
épreuves.

POUSSIN (D'après NICOLAS)

1456. La Charité romaine, l'Assomption de la Vierge, le Ravissement de saint Paul, Testament d'Eudamidas, la Femme adultère. Huit pièces gravées par Pesne et Audran. Belles épreuves.

1457. Les Sept sacrements, Moïse sauvé des eaux, Rébecca à la fontaine, et différentes autres compositions. Trente-quatre pièces. Belles épreuves.

PRUD'HON (Par et d'après P.-P.)

1458. La Famille malheureuse, les Vendanges, le Zéphyr, Triomphe de Trajan, etc. Sept pièces.

RAIMONDI (MARC-ANTOINE)

1459. Le Massacre des Innocents, d'après Raphaël (B. 20). Épreuve avant la retouche. Elle est doublée.

1460. Les Trois saintes Femmes allant au sépulcre (33). Belle épreuve, mal conservée.

1461. La Vierge assise sur des nues (52). Belle épreuve. Elle est doublée et tachée d'huile.

1462. La Bataille au coutelas (211). Belle épreuve, manque de conservation.

1463. La Passion de Jésus-Christ. Suite de trente-sept estampes (584 à 620). Très-belles épreuves.

1464. La Même suite, moins le titre. Trente-six pièces. Belles épreuves.

RAIMONDI et son école

1465. Dieu ordonnant à Noë de bâtir l'arche, Mars, Vénus et l'Amour, le Satyre et l'Enfant, Saint Jean, Apollon, Vénus et l'Amour. Quinze pièces.

RECHBERGER (François de)

1466. Son OEuvre, gravé à l'eau-forte. Cent-quarante pièces Belles épreuves en différents états.

RENBRANDT-VAN-RHYN (Paul)

1467. Portrait de Rembrandt avec l'écharpe autour du cou (B. 17). Très-belle épreuve.

1468. Portrait de Rembrandt et de sa femme (B. 19). Très-belle épreuve.

1468 *bis*. La même estampe. Belle épreuve.

1469. Rembrandt appuyé (21). Épreuve avec de grandes marges.

1470. Agar renvoyée par Abraham (30). Très-belle épreuve.

1471. Abraham caressant Isaac (33). Belle épreuve.

1472. Abraham avec son fils Isaac (34). Très-belle épreuve.

1473. Joseph racontant ses songes devant sa famille (37). Très-belle épr. du premier état, avant que le visage et le turban du frère de Joseph qui est debout derrière lui, aient été ombrés; le rideau du lit, le battant de la porte et l'habillement de Joseph sont moins travaillés.

1474. Le Triomphe de Mardochée (B. 40). Belle épreuve; elle est tachée.

1475. L'Ange qui disparaît devant la famille de Tobie (43). Très-belle épreuve.

1476. La même estampe. Très-belle épreuve.

1477. La même estampe. Belle épreuve.

1478. La Circoncision (48). Très-belle épreuve.

REMBRANDT-VAN-RHYN (Paul)

1479. Vieille qui dort (250). Belle épreuve sur papier de Chine.

1480. Repos en Égypte (57). Jésus au milieu des docteurs de la loi (66). Deux pièces, belles épreuves.

1481. La Vierge et l'Enfant Jésus sur des nuages (61). Belle épreuve.

1482. Jésus-Christ prêchant ou la Petite tombe (671). Très-belle épreuve du premier état, avant que les travaux à la pointe sèche aient été ébarbés, l'homme coiffé d'un turban debout sur le devant à gauche a le bras droit et le vêtement fort poussés au noir.

1483. La même estampe. Belle épreuve.

1484. La même estampe. Belle épreuve.

1485. Jésus-Christ chassant les vendeurs du Temple (69). Très-belle épreuve du premier état.

1486. La même estampe. Belle épreuve.

1487. La Résurrection de Lazare (72). Belle épreuve.

1488. Jésus-Christ en croix (80). Belle épreuve.

1489. Le Transport de Jésus-Christ au tombeau (86). Très-belle épreuve.

1490. La même estampe. Belle épreuve.

1491. Le Retour de l'Enfant prodigue (91). Belle épreuve.

1492. La Décollation de saint Jean-Baptiste (92). Belle épreuve.

REMBRANDT-VAN-RHYN (Paul)

1493. La Mort de la Vierge (B. 99). Superbe épreuve du premier état avant les travaux sur le fauteuil qui se voit dans le coin inférieur à droite; dans la marge du bas, du même côté, sont plusieurs traits de pointe échappés.

1494. La même estampe. Très-belle épreuve.

1495. La même estampe. Belle épreuve.

1496. La même estampe. Belle épreuve.

1497. Saint Jérôme (100). Très-belle épreuve.

1498. Saint Jérôme (103). Très-belle épreuve.

1499. La Médée ou le Mariage de Jason et Créuse (112). Très-belle épreuve du troisième état. Elle a une petite marge.

1500. Chasse aux lions (116). Très-belle épreuve avec une petite marge.

1501. Les Musiciens ambulants (119). Très-belle épreuve tirée avant divers travaux à la pointe sèche, notamment sur la poitrine du petit enfant.

1502. La même estampe. Belle épreuve du même état.

1503. La même estampe.

1504. La Faiseuse de kouks (121). Très-belle épreuve, il manque un petit un coin à gauche.

1505. Le Vendeur de mort aux rats (124). Très-belle épreuve.

1506. Juif à grand bonnet (B. 133). Très-belle épreuve.

1506 *bis*. La même estampe. Belle épreuve, elle est rognée dans la partie supérieure et dans la partie inférieure.

REMBRANDT-VAN-RHYN (Paul)

1507. Paysan les mains derrière le dos (135). Belle épreuve, elle est rognée dans la partie supérieure.

1508. Paysan et Paysanne marchant (144). Belle épreuve.

1509. Le Cochon (157). Belle épreuve.

1510. Paysan déguenillé, les mains derrière le dos (172). premier état. La planche plus large de trois lignes sur la droite où l'on voit un tronc d'arbre. Très-belle épreuve.

1511. La même estampe. Deuxième état. Belle épreuve.

1512. Mendiants à la porte d'une maison (176). Épreuve de la plus grande beauté, extrêmement rare de cette qualité.

1513. La même estampe. Belle épreuve, le coin gauche est refait.

1514. Femme nue dormant (B 204). Belle épreuve.

1515. Le Paysage aux trois chaumières (217). Très-belle épreuve fort chargée de manière noire.

1516. La Chaumière entourée de planches (232). Très-belle épreuve.

1517. Le Canal avec les cygnes (235). Belle épreuve.

1518. Le Paysage au bateau (226). Très-belle épreuve.

1519. Homme sous une treille (B. 257). Belle épreuve. Elle manque de conservation.

1520. Homme à barbe courte et bonnet fourré (260). Troisième état. Superbe épreuve.

1521. Vieillard à barbe carrée (265). Très-belle épreuve.

REMBRANDT-VAN-RHYN (Paul)

1522. La même estampe. Belle épreuve.

1523. La même estampe. Belle épreuve.

1524. Portrait de Janus Silvius (266). Belle épreuve.

1525. La même estampe. Épreuve retouchée.

1526. Jeune Homme assis et réfléchissant (278). Belle épreuve.

1527. Portrait de Clément de Jonghe (272). Très-belle épreuve du deuxième état. Le fond du haut est blanc, mais la barre traversant le dossier du fauteuil, qui est blanche dans le premier état, est couverte de travaux.

1257 *bis*. La même estampe. Contre-épreuve du même état.

1528. La même estampe. Très-belle épreuve.

1529. La même estampe. Belle épreuve avec une petite marge.

1530. La même estampe. Contre-épreuve deuxième état.

1531. Portrait de Utenbogardus (279). Épreuve avec de grandes marges.

1532. La même estampe. Épreuve retouchée au pinceau.

1533. Homme en cheveux (289). Très-belle épreuve.

1534. Vieillard à barbe carrée (313).

1535. Portrait de Rembrandt, vue de face et riant (316). Belle épreuve.

1536. La grande Mariée juive (340). Belle épreuve, elle a de grandes marges.

1537. Tête de femme (358). Belle épreuve.

REMBRANDT-VAN-RHYN (Paul)

1538. Études de trois têtes de femmes (367). Très-belle épreuve.

1539. Études de trois têtes de femmes dont une qui dort (368). Belle épreuve.

1540. Sujets de l'Ancien et du Nouveau Testament, Portraits, etc. Cinquante-sept pièces.

1540 *bis*. Différentes copies, trente-cinq pièces.

REMBRANDT (École de)

1541. Repos en Égypte (B. 11 des pièces douteuses). Belle épreuve.

1542. Le Tailleur de plumes (B. 23). Très-belle épreuve.

1543. Portrait de Jean Second, poëte; Jacob et Ésaü, par Rodermont; Joseph et Thamar, par Latsman; Bustes d'hommes par F. Bol, Koning, etc. dix pièces. Belles épreuves.

1544. Buste d'homme dirigé vers la droite, gravé sur bois dans la manière de J. Livens. Rare.

RENESSE (A.-C.)

1545. Kermesse avec Charlatan. Très-belle épreuve.

1546. La même estampe. Épreuve tirée sur papier bleu.

RENI (Guido), dit LE GUIDE

1547. Sainte Famille, Sujets pieux. Vingt-cinq pièces. Belles épreuves.

1548. Vingt-deux pièces doubles des estampes précédentes. Belles épreuves.

RIBERA (Joseph), dit l'ESPAGNOLET

1549. Le Corps mort de Jésus-Christ (B. 1), Saint Jérôme (4), — autre Saint Jérôme (5). Trois pièces. Belles épreuves.

1550. Saint Jérôme (4). Superbe épreuve.

1551. Saint Jérôme (5). Très-belle épreuve avec les coulures d'eau-forte très apparentes.

1552. Saint Pierre (7). Très-belle épreuve avant l'inscription. F. V. Wyn, dans la marge du bas.

1553. Le Poëte (10). Superbe épreuve.

1554. Silène (13). Très-belle épreuve du premier état, avant la dédicace. Doublée et légèrement rognée en bas.

1555. La même estampe. Belle épreuve avec la dédicace — mais avant l'adresse de J. J. Rossi.

1556. Principes de dessin. Suite de trois estampes (15-17). Très-belles épreuves.

1557. Le Christ mort (1). Saint Pierre (7). Deux pièces. Belles épreuves.

1558. Tête d'homme à poireaux (9). Étude de bouches (16). Étude d'oreilles. (17). Trois pièces. Belles épreuves.

1559. La Descente de croix. Saint Jérôme. |Saint |Pierre. Le Satyre fouetté, etc. Dix pièces.

1560. Les mêmes estampes. Huit pièces. Belles épreuves.

RICCI (Marcus)

1561. Vues d'Italie. Paysages. Soixante pièces.

ROGHMAN (R.)

1562. Différentes vues de Hollande (B. 17 à 24). Suite de huit estampes. Belles épreuves.

ROGHMAN (R.)

1563. Différents paysages et vues de Hollande. Trente-six pièces. Anciennes épreuves.

ROGHMAN (Gertrude)

1564. Agréables paysages ou jolies vues dessinées d'après nature par Roelant Roghman, publiés p. C. Visscher. Suite de quatorze estampes. Très-belles épreuves.

ROOS (Jean-Henri)

1565. Différents animaux. (B. 18 à 30). Suite de douze estampes. Belles épreuves de deuxième état, avec les numéros et l'adresse de H. Sweerds.

1566. La même suite. douze pièces.

1567. La Bergère (31). Superbe épreuve avant le trait échappé sur le mur de la ruine, entre la croisée et la partie éclairée de ce mur ; elle est aussi avant que le coin gauche supérieur ait été arrondi et que les marges du cuivre aient été nettoyées. Collection Arozarena.

1567 *bis*. La même estampe. Même état que la précédente. Belle épreuve.

1567 *ter*. La même estampe. Très-belle épreuve du deuxième état, avec le trait échappé, le coin gauche supérieur arrondi et les marges du cuivre nettoyées, mais avant le n° 6.

1568. Le Mouton tondu et le Bélier (36). Deux épreuves. Les deux Chèvres près de la haie (40). Trois pièces. Belles épreuves.

1569. Différents Moutons et Chèvres (B. 4, 5, 6. 7, 8). Cinq pièces. Belles épreuves avant les numéros.

ROOS (Jean-Henri)

1570. Différents Moutons et Chèvres (11, 12, 13, 14, 15). Cinq pièces. Belles épreuves avant les numéros.

1571. Les mêmes estampes (11, 14, 15, 23, 26). Cinq pièces. Belles épreuves avant les numéros.

ROULLET (J.)

1572. Chaillou de Thoisy, docteur en Sorbonne, d'après Girardin. Rare épreuve avant la lettre et la bordure.

ROSA (Salvator)

1573. Sujets pieux. Sujets de l'histoire profane. Sujets de Mythologie. Etudes de figures. Trente-quatre pièces. Belles épreuves.

ROTA (Martin)

1574. Maximilien, archiduc d'Autriche. Belle épreuve.

RUBENS (Pierre-Paul)

1575. Sainte Catherine (Basan, 15, des sujets de saintes). Superbe épreuve.

1576. La Madeleine. Saint François. Deux pièces. Très-belles épreuves avant l'adresse.

RUBENS (D'après)

1577. Sainte Famille ou l'Enfant Jésus et Saint Jean caressent un agneau, gravé par S.-A. Bolswert. Très-belle épreuve avec l'adresse de Martin van den Enden.

RUBENS (D'après)

1578. La Pêche du poisson pour payer le tribut, gravé par un anonyme. Très-belle épreuve avant la lettre.

1579. Descente de croix gravé par Corn. Waumans. Sainte Thérèse intercédant pour les âmes du purgatoire, gravé par S.-A. Bolswert. Deux pièces. Belles épreuves.

1580. Pastorale où un Berger veut embrasser de force une bergère, gravé par C. Boel. Des soldats faisant du tapage, gravé par Wyngaerde. Deux pièces. Très-belles épreuves.

1581. Grands paysages gravés par Bolswert. six pièces. Très-belles épreuves.

1582. Silène ivre soutenu par un Satyre et un Maure, gravé par Suyderhoef. Très-belle épreuve avant l'adresse de Clément de Jonghe.

1583. Bustes d'après l'antique. Dix pièces gravées par P. Pontius. Belles épreuves.

1584. Suzanne au bain, gravé par Pontius; Job sur le fumier. Loth et ses filles gravés par Vosterman. Sainte Thérèse. La Résurrection du Christ. Deux paysage en largeur gravées par Bolswert. Sept pièces. Belles épreuves.

1585. La Sainte Famille. Sainte Rosalie. La Vieille à la chandelle, etc. Douze pièces.

1586. La Vieille à la chandelle. Jésus et Simon. Danse d'Amours. Judith et Holopherne, etc. Quatorze pièces.

1587. Loth et ses filles. La Résurrection. La Vieille à la chandelle. Les Pères de l'Église. Chasse au loup, etc. seize pièces.

RUISDAEL (Jacques)

1588. Le Petit Pont (B. 1). Superbe épreuve du deuxième état avec les nuages, à droite très-apparents.

1589. La même estampe. Belle épreuve.

SAFT-LEVEN (Herman)

1590. Le Chemin par-dessus la montagne (B. 32). Superbe épreuve de l'estampe originale, dont Bartsch n'a décrit que la copie. Excessivement rare.

1591. La même estampe. Très-belle épreuve.

1592. Vue d'une campagne à l'instant de la moisson : à gauche deux moissonneurs, l'un assis boit à même une cruche, l'autre debout tient sa faux, à droite dans l'éloignement deux cavaliers galoppent vers un bois. Morceau attribué à ce maître dans le catalogue Rigal. Superbe et première épreuve, tirée, avant que les deux traits presque perpendiculaires, sur le ciel au dessous des oiseaux, aient été effacés.

1593. La même estampe. Très-belle épreuve du deuxième état. Les deux traits perpendiculaires ont disparu.

SAFT-LEVEN (C.)

1594. Les cinq Sens. Premier état avant les numéros et l'adresse de C. Visscher. Paysans et paysannes dans différentes attitudes. Suite de douze estampes numérotées de 1 à 12. Premier état avant l'adresse de Hondius. Dix-sept pièces. Très-belles épreuves.

SAINT-JEAN

1595. Femme de qualité, consultant son avocat. Belle épreuve.

SAVART (Pierre)

1596. Bayle, Bossuet, Colbert, Fénelon, Jean Racine, Cinq portraits. Très-belles épreuves avec les premières adresses; elles ont de la marge.

SCHALCKEN (Godefroy)

1597. Portrait de Gérard Dow. Très-belle épreuve du premier état, avant que l'oval ait été coupé de chaque côté.

SCHENAU (Jean-Eleazar)

1598. Jeune femme assise sur une chaise. Pièce regardée comme unique. — Achetez mes petites eaux-fortes. Suite de onze estampes. Treize pièces. Très-belles épreuves.

1599. La même suite. Douze pièces. Belles épreuves.

SCHIAVONE (André)

1600. Les Panneaux d'ornements. Suite de vingt-trois estampes, le titre compris. Bartsch n'en a décrit que vingt-deux. Très-belles épreuves avec de grandes marges. Un vol. oblong. vélin. Très- rare.

1601. La même suite. Vingt-deux pièces. Belles épreuves.

SCHMIDT (Georges-Frédéric)

1602. Cinquante et une pièces de son œuvre (J., 111, 112,
113, 114, 115, 116, 117, 119, 120, 121, 123, 124,
126, 127, 129, 131, 134, 135, 136, 137, 139, 141,
142, 143, 144, 145, 147, 148, 150, 151, 152, 157,
159, 160, 162, 163, 164, 165, 166, 167, 170, 171,
173, 175, 176, 177, 180). Plusieurs pièces doubles
sont avec remarques, savoir : Le prince de Gueldre
menaçant son père (137). Épreuve avant la lettre.
Portrait de Schmidt, dit à l'araignée (141). Épreuve
avant beaucoup de travaux, notamment la contre-
taille sur l'épaisseur du mur de la fenêtre, près du
baromètre, La Résurrection de la fille de Zaïre
(165). Épreuve non terminée. Sara, donnant pour
femme à Abraham sa servante Agar (175). Épreuve
avant toutes lettres. Superbes épreuves.

1603. Son portrait dit à l'araignée. Très-belle épreuve
avant beaucoup de travaux, notamment la contre-
taille sur l'épaiseur du mur de la fenêtre, près du
baromètre.

1604. Portraits de Schmidt et de sa femme. Autre portrait
dit à l'araignée. Trois pièces. Très-belles épreuves.
1604 *bis*. Les mêmes estampes. Belles épreuves.

1605. Portrait de Rembrandt. Portrait d'un jeune homme.
Les bons amis, etc. Six pièces. Belles épreuves.

1606. La mère de Rembrandt. Le prince de Gueldre
menaçant son père. Portraits de Dinglinger,
Schmidt dessinant, etc. Huit pièces. Belles épreuves.

1607. Le prince de Gueldre menaçant son père. Le Juif
Hirsh Michel. Philosophe endormi, etc. Douze
pièces. Belles épreuves.

SCHMITDT

1608. Le prince de Gueldre menaçant son père. Groupe d'amours. Tête d'après Rembrandt, etc. Quatorze pièces. Belles épreuves.

1609. Philosophe dans sa grotte. Le Reniement de saint Pierre. Résurrection de la fille de Zaïre, etc. Douze pièces. Belles épreuves.

1610. Portrait de Mme Schmidt. Jésus ressuscitant la fille de Zaïre. Tête d'après Rembrandt. Vignettes, etc. Vingt-deux pièces. Belles épreuves.

1611. N. Esterhazi, d'après L. Tocqué. Très-belle épreuve avant le burin gravé à droite, sur l'épaisseur de la console.

1612. Scarlati. Très-belle épreuve avec de grandes marges. Rare.

1613. Maurice Quentin de La Tour coiffé d'un chapeau, représenté à mi-corps, dans un ovale, d'après son portrait peint par lui-même. Belle épreuve.

1614. Michel de Woronzow. Christian Blume. J. Osterwald. M. Sophie Wiegerin. J. de Schuwalow. Anne-Louise Dürbach. Six pièces. Belles épreuves.

1615. Moehsen. Ch. Blume. J. Schuwalow. Antoine Pesne. L'abbé Prévost. J.-B. Rousseau. Six pièces. Belles épreuves.

1617. Mlle Clairon. Frédéric, roi de Prusse. H. comte de Bruhl. J. V. Moehsen. J. de Schuwalow. Jean-Sigismond. R. de Beauvau, archevêque de Narbonne. Le prince Eugène. Sept pièces. Très-belles épreuves.

SCHMIDT

1618. Antoine Pesne. Deux épreuves. Charles Tubières de Caylus. Deux épreuves. J.-B. Rousseau. H. d'Avolle de Predavid. 6 pièces. Belles épreuves.

SCHONGAUER (Martin)

1619. La Descente aux Limbes (B. 19). Superbe épreuve.

SILVESTRE (Israel)

1620. Vues de Paris. Six pièces.

1621. Vues de France et d'Italie. Cinquante-six pièces.

SIRANI (Jean-André et Elisabeth)

1622. Leur Œuvre moins les numéros 2, 3 et 9. Neuf pièces. Très-belles épreuves.

1623. Onze pièces doubles des estampes précédentes.

SOMMEREAU (L.)

1624. Sujets du Nouveau Testament, d'après les compositions de Raphaël. Vingt pièces. Belles épreuves.

STALBENT (Adrien van)

1625. Paysage en largeur où l'on voit au milieu du second plan une charrette attelée d'un cheval, que deux hommes sont en train de décharger ; à droite un moulin. Belle épreuve d'une pièce rare.

STOCK (J. van der)

1626. Beau paysage, où sont représentés sur le premier plan, non loin d'un gros arbre qui s'élève jusqu'au trait carré supérieur, un homme et une femme demandant l'aumône à deux cavaliers. Belle épreuve avec marge. Rare.

STOOP (Thiery)

1627. Différents chevaux (B. 1 à 12). Suite de douze estampes. Belles épreuves avant les numéros.

1628. Huit pièces doubles de la même suite. Belles épreuves avant les numéros.

SUYDERHOEF (Jonas)

1629. Albert, archiduc d'Autriche (H. 4). Superbe épr. avant le numéro.

1630. Charles Quint (15). Superbe épreuve avant le numéro.

1631. Charles Ier, roi d'Angleterre (16). Très-belle épreuve avant le numéro.

1632. Ferdinand III, empereur d'Allemagne (26). Superbe épreuve avant le numéro.

1633. Gilles de Glarges (29). Très-belle épreuve du premier état.

1634. Henri Goltzius (30). Superbe épreuve du premier état, avec l'adresse de P. Soutman.

1634 *bis*. Le même portrait. Très-belle épr. du même état.

1635. Henriette Marie, reine d'Angleterre (36). Très-belle épreuve avant le numéro.

1636. Jean Hoornbeeck (40). Superbe épreuve du deuxième état avec l'adresse de P. Goos.

1637. Le même portrait. Même état. Très-belle épr.

1638. Jean Sans-Peur (41). Très-belle épreuve avec le numéro.

SUYDERHOEF

1639. Le même portrait. Belle épreuve du même état.

1640. Jean, comte de Nassau (42). Superbe épreuve avant le numéro.

1641. Jeanne la Folle (43). Superbe épreuve avant le numéro.

1642. Le même portrait. Très-belle épreuve du même état.

1643. Isabelle-Claire-Eugénie, infante d'Espagne (44). Superbe épreuve avant le numéro.

1644. Marie de Bourgogne (52). Superbe épreuve avant le numéro.

1645. François de Moncade (57). Superbe épreuve avant le numéro.

1646. Maximilien, archiduc d'Autriche (54). Superbe épreuve avant le numéro.

1647. Le même portrait. Très-belle épreuve du même état.

1648. Maximilien Ier, empereur d'Allemagne (53). Superbe épreuve avant le numéro.

1649. David Nuyts (61). Très-belle épreuve (Collection du comte de Fries).

1650. Philippe le Beau (63). Superbe épreuve avant le numéro.

1651. Le même portrait. Très-belle épreuve du même état.

1652. Philippe II, roi d'Espagne (64). Superbe épreuve avant le numéro.

SUYDERHOEF

1653. Philippe III, roi d'Espagne (65). Superbe épreuve avant le numéro.

1654. François Plante (67). Très-belle épreuve avec marge.

1655. André Rivet (72). Très-belle épreuve.

1656. Sigismond III, roi de Pologne (81). Superbe épreuve avant le numéro.

1657. Wadislas VI, roi de Pologne (101). Superbe épreuve avant le numéro.

1657 *bis*. Le même portrait. Superbe épreuve du même état.

1658. Les quatre Bourgmestres d'Amsterdam attendant l'arrivée de la reine Marie de Médicis. Belle épreuve.

1659. Maximilien, empereur d'Allemagne. Marie de Bourgogne. Deux pièces. Belles épreuves.

1660. Jacques Crucius, Jean de Mey. Jean van Rouberg. Godard van Rede. Quatre pièces. Très-belles épr.

1661. Charles le Téméraire. Goltzius. Philippe III. Trois pièces. Belles épreuves.

1662. Abraham Heydan. Jean Hoornbeeck. Portrait d'homme d'après F. Hals. Quatre pièces. Belles épr.

1663. Portraits des comtes de Nassau. Neuf pièces. Superbes épreuves.

1664. Huit pièces doubles des précédentes.

1665. Les Joueurs de trictrac. Superbe épreuve du premier état avant toute adresse et avant beaucoup de travaux, notamment les contre-tailles sur le sol, derrière les pieds du vieux, et les tailles continuées sur le sol du petit cabinet du fond.

SWANEVELT (Herman van)

1666. Variæ campestrum fantasiæ (B. 1 à 24). Suite de Vingt-quatre estampes dans des formes ovales. Très-belles épreuves.

1667. La même suite. Belles épreuves.

1668. Satyre jouant du chalumeau. Planche ovale (B. 25). Rare. Très-belle épreuve.

1669. La même estampe. Belle épreuve.

1670. Différents animaux (26 à 32). Suite de sept estampes. Très-belles épreuves du premier état. Avant la lettre.

1671. La même suite. Belles épreuves.

1672. Les Satyres (33). Belle épreuve du premier état avec l'adresse de K. Audran. Saint Jean-Baptiste dans le désert (34). Très-belle épreuve du deuxième état avec l'adresse de G.-B. Rossi. Jésus-Christ tenté par le Démon (35). Très-belle épreuve du deuxième état avec l'adresse de G.-B. Rossi. Trois pièces.

1673. Diverses vues de Rome (36 à 48). Suite de treize estampes, y compris le titre. Très-belles épreuves du premier état avant l'adresse de Bonnart.

1674. La même suite. Belles épreuves du même état.

1675. Paysages ornés de satyres (49 à 52). Belles épreuves du premier état avant l'adresse de Bonnart.

1676. La même suite. Belles épreuves du même état.

1677. Diverses vues de Rome (53 à 65). Suite de treize estampes. Très-belles épreuves avec les mots : *et ex.*

SWANEVELT

1678. Paysages ornés de sujets de l'Ancien Testament (66 à 69). Suite de quatre estampes. Très-belles épr. du deuxième état avec l'adresse de K. Audran. Elles ont de grandes marges.

1679. La même suite. Belles épreuves du même état.

1680. Pan et Syrinx (70). Salmacis et Hermaphrodite (71). Belles épreuves du deuxième état avec l'adresse de Rossi. Deux pièces

1681. Différentes vues de Paris et de ses environs et une vue de Rome (72 à 76). Suite de cinq estampes. Très-belles épreuves du premier état avant que l'adresse d'Israël ait été enlevée.

1682. La même suite. Belles épreuves du même état.

1683. Suite de quatre Paysages (77 à 80). Très-belles épr. avec les mots : *et excudit.*

1684. La même suite. Belles épreuves du même état.

1685. Le Soir (81). Le petit Pont de bois (82). Très-belles épreuves avec les mots : *et excudit.*

1686. Paysages italiens ornés de fabriques (83 à 94). Suite de douze estampes. Très-belles épreuves du premier état avec les mots : *et excudit.*

1687. La même suite. Belles épreuves du même état.

1688. Mercure imposant silence à Battus (95). Battus transformé en pierre (96). Belles épreuves du deuxième état avec l'adresse de J. Valdor.

1688 *bis*. La même suite. Belles épreuves du troisième état.

SWANEVELT

1689. Les Fuites en Égypte (97 à 100). Suite de quatre estampes. Très-belles épreuves du deuxième état avec les mots : *et excudit.*

1690. L'Histoire d'Adonis (101 à 106). Suite de six estampes. Superbes épreuves du premier état avec les mots : *et excudit.* (Collection Verstolk de Sœlen.)

1691. Les Pénitents (107 à 110). Suite de quatre estampes. Très-belles épreuves du premier état avec les mots : *et excudit.*

1692. La même suite. Belles épreuves du même état.

1693. Balaam monté sur son ânesse (111). Très-belle épreuve du deuxième état, avant la lettre. Elle est tachée d'huile en plusieurs endroits.

1694. La même estampe. Belle épreuve du troisième état avec l'adresse de K. Audran.

1695. Quatre Paysages en hauteur (112 à 115). Suite de quatre estampes. Très-belles épreuves du premier état avec les mots : *et excudit.*

1696. La même suite. Belles épreuves du même état.

1697. Paysage avec un sarcophage. Paysage avec des pêcheurs près de la rivière (Appendice n°s 1 et 2). Belles épreuves.

SWANEVELT (Attribué à)

1698. Paysages. Sept pièces. Belles épreuves.

SWEERTS

1699. Portrait d'homme (B. 5). Belle épreuve.

TARDIEU (P.-A.)

1700. Le comte d'Arundel. Six épr., en différents états. Épreuves d'essai, avant toutes lettres, lettres grises et avec la lettre.

TEMPESTA (Antoine)

1701. Différentes compositions. Trente-huit pièces.

TENIERS (David)

1702. La Fête flamande. Très-belle épreuve du premier état, avant divers travaux, au burin ; elle a une petite marge.

1703. La même estampe. Deux pièces, deuxième et troisième état. Belles épreuves.

1704. Intérieur de cuisine. — Les Joueurs de boules. — Paysan parlant à une femme qui tient un enfant. Trois Villageoises causant ensemble. Quatre pièces. Belles épreuves.

1705. Paysan tirant au blanc. — Les Joueurs de Boules. La Danse au son de la musette. — Réunion de Buveurs et de Fumeurs devant la porte d'un cabaret. Quatre pièces. Belles épreuves. Les deux dernières manquent de conservation.

1706. Figures de Pèlerins, suite de quatre estampes. Belles épreuves.

TENIES (Attribué à)

1707. Cinq Figures à mi-corps. — Homme assis, fumant sa pipe et tenant un verre de la main gauche. — Vieille Femme assise, lisant — Buveur riant ; il tient un verre de ses deux mains. — Vieillard jouant de la guitare. — Jeune Femme assise, un chien est sur ses genoux. Cinq pièces. Très-belles épreuves. Rares.

THEODORE

1708. Son OEuvre complet (R. D. 1 à 28). Soixante-deux
pièces. — Très-belles épreuves en différents états.

1709. Le même OEuvre, manque le numéro 24. Trente
pièces. Belles épreuves.

THIERRIAT

1710. Son OEuvre complet, moins les numéros 1 et 2.
Soixante et onze pièces, gravées à l'eau-forte. Belles
épreuves sur papier de Chine.

TIEPOLO (J.-B.)

1711. La Fuite en Égypte. — Les Caprices, etc. Trente-
huit pièces. Belles épreuves.

UDEN (Lucas van)

1712. Différents Paysages. Dix-huit pièces, dont plusieurs
doubles. Belles épreuves.

ULIET (J.-G. van)

1713. Loth et ses Filles (B. 1). Très-belle épreuve du
premier état.

1714. La même estampe. Très-belle épreuve du premier
état.

1715. Saint Jérôme, d'après Rembrandt (13). Superbe
épreuve.

1716. Vieille femme lisant (18). Très-belle épreuve avant
beaucoup de travaux, notamment sur le visage.

1717. La même estampe. Belle épreuve.

ULIET (J.-G. van)

1718. Les Débauchés (16.) — Différents bustes d'hommes, d'après Rembrandt (19, 22, 23, 24, 25, 26). — David et Goliath. Dix pièces, dont plusieurs doubles. Belles épreuves.

1719. Différents Gueux ou Mendiants (B. 73 à 82). Suite de dix estampes. Très-belles épreuves.

1720. Cinquante pièces tirées de différentes suites. Belles épreuves.

VADDER (Louis de)

1721. Le Paysage à la pluie (B. 11). Deux épreuves, dont l'une est avant l'adresse de Vosterman.

VAZQUEZ (Joseph)

1722. Marie, reine d'Angleterre, d'après Ant. Mor. Très-belle épreuve avant la lettre.

VELDE (Adrien van de)

1723. Le Vacher et le Taureau (B. 1). Belle épreuve du premier état avant l'adresse de J. Danckerts.

1724. Le Berger et la Bergère avec leur troupeau (17). Belle épreuve du premier état.

VELDE (J. van de)

1725. Les Quatre Éléments, suite de quatre estampes. Autre suite différente. Huit pièces. Très-belles épr.

1726. Portraits de Jean Van de Velde, Jean Torrentius, J. Acronius, J. Bogardus, J. Matham, B. Paludanus, P. Goettlem. Sept pièces. Très-belles épreuves.

VENITIEN (Augustin)

1727. L'Empereur Barberousse (B. 520). Belle épreuve
avec marge.

VERNET (Joseph)

1728. Trente-deux pièces, gravées à l'eau-forte. — Marines
et Paysages.

VERSCHURING (Henri)

1729. Les Voyageurs (B. 2). Très-belle épreuve. Fort rare.

VERKOLYE, SCHENK et GOLE

1730. Portraits. — Études d'Animaux. — Sujets divers.
Dix-neuf pièces. Belles épreuves.

VLIEGER (Simon de)

1731. Le Bourg (B. 9). Superbe épreuve.

1732. Les Pêcheurs (B. 10). Superbe épreuve.

VICO (Eneas)

1733. Le Combat des Amazones (B. 14). Très-belle épreuve.

1734. L'Académie de Baccio Bandinelli (49). Très-belle
épreuve du premier état, avant le nom de l'auteur.

1735. La Mise au Tombeau. — Le Combat des Lapithes. —
Les Trois Grâces. — Jupiter et Léda. — Tarquin et
Lucrèce, etc. Vingt-deux pièces. Belles épreuves.

VISSCHER (Corneille)

1736. Le Pape Alexandre VII. Superbe épreuve avant
l'adresse de Clément de Jonghe (collection du
comte de Fries).

VISSCHER (Corneille)

1737. Le même portrait. Belle épreuve avec l'adresse de
Clément de Jonghe.

1738. Robert Junius. — Autre portrait du même personnage. Deux pièces. Belles épreuves.

1739. Vondel, célèbre poëte hollandais. Superbe épreuve
du deuxième état; elle est avant la lettre, mais
on a substitué la statue de la Foi à celle du Faune.

1739 *bis.* Le même portrait. Très-belle épr. avant toute
adresse.

1740. Portrait de la mère de Visscher. Un double. Deux
pièces. Belles épreuves.

1741. Chat accroupi, derrière lequel est un rat. Très-belle
épreuve avec l'adresse de C. Visscher.

1742. Le Passage de la rivière, d'après Berghem. Superbe
épreuve avant la lettre.

1743. Les Musiciens ambulants. — Le Vendeur de mort
aux rats. — Les Buveurs. — La Souricière. — Portrait de la mère de Visscher, etc. Sept pièces. Belles
épreuves.

1744. La Bohémienne. Épreuve avec l'adresse de Clément
de Jonghe. — Le Soir, Scène de nuit, d'après
Pierre de Laer. Trois pièces. Belles épreuves.

VISSCHER (Jean)

1745. Portrait d'un nègre, d'après C. Visscher. Superbe
et rare épreuve avant toute lettre, retouchée au
crayon noir. Collections Ottley et Verstolk de Sœlen.

1746. La même estampe. Superbe épreuve avant l'adresse.

VISSCHER (Les)

1747. Le Tâtoneur. — Les Buveurs. — La Famille. — Le Bal dans la grange, etc. Huit pièces. Belles épr.

1748. Les Quatre parties du jour, Paysages, d'après Berghem. — Cavaliers, d'après Wouwermans. — Intérieurs, d'après Ostade. Vingt pièces. Belles épr.

VORSTERMAN (Lucas)

1749. Le Christ à la colonne, d'après G. Seghers. Première et rare épreuve avant la lettre.

1750. Thomas Morus, d'après Holbein. Superbe épreuve.

1751. Gertrude van Veen, fille d'Otto Vénius. Très-belle épreuve.

1752. Jérôme de Bran. Très-belle épreuve ; avant que l'inscription dans la marge du bas ait été changée.

VOUILLEMONT (Sébastien)

1753. Julie-Victoire de la Rovere, grande duchesse de Toscane (R. D. 62). Très-belle épreuve.

WAEL (Attribué à Jean-Baptiste de)

1754. Danse de Paysans italiens, près d'un grand arc de pierre. Belle épreuve.

WATERLOO (Antoine)

1755. Les deux Paysans dans l'allée (B. 1). Le Bâtiment ruiné (2). Deux pièces, belles épreuves.

1755 *bis*. Les mêmes estampes. Belles épreuves.

1756. Suite de quatre estampes (3 à 6). Très-belles épr.

1757. La même suite. Belles épreuves.

WATERLOO (Antoine)

1758. Suite de douze estampes (B. 7 à 18). Très-belles épreuves.

1759. La même suite. Belles épreuves.

1760. L'Entrée du Bois (19). L'Écluse (20). Deux pièces, belles épreuves.

1761. Suite de douze estampes (21 à 32). Très-belles épr.

1762. La même suite. Belles épreuves.

1763. Suite de six estampes (33 à 38, manque le n° 38). Cinq pièces Très-belles épreuves.

1764. La même suite. Cinq pièces, belles épr.

1765. Suite de six estampes (41 à 46). Très-belles épr.

1766. Suite de six estampes (47 à 52). Très-belles épr.

1767. La même suite. Très-belles épreuves.

1768. Suite de six estampes (53 à 58). Très-belles épr.

1769. La même suite. Belles épreuves.

1769 bis. La même suite. Belles épreuves.

1770. Suite de six estampes (59 à 64). Très-belles épr.

1771. La même suite. Belles épreuves.

1772. Suite de six estampes (65 à 70). Superbes épr.

1773. La même suite. Belles épreuves.

1747. Paysages. Suite de six estampes (71 à 76).. Très-belles épreuves.

1775. Suite de six estampes (77 à 82, manque le n° 77). Cinq pièces. Très-belles épreuves.

1776. Suite de six estampes (83 à 88). Superbes épr.

WATERLOO (Antoine)

1777. Suite de six estampes (89 à 94). Superbes épr.

1778. Six pièces de la suite de douze estampes (95 à 106)
Nᵒˢ 99, 100, 101, 102, 105 et 106. Superbes épr.

1779. Suite de six estampes (107 à 112). Très-belles épr.

1780. La même suite. Belles épreuves.

1781. Suite de six estampes (B. 113 à 118). Premières et
superbes épreuves avant divers changements, notamment avant les figures au nᵒ 115, et avant que
l'arbre qui se trouve à la droite du nᵒ 117 ne soit
couvert de feuillage. Excessivement rare à trouver
en aussi belle condition. Collection Verstolk de
Sœlen.

1782. La même suite. Superbes épreuves, tirées avant que
les planches n'aient été retouchées au burin. Collection Verstolk de Sœlen.

1783. La même suite. Très-belles épreuves avec grande
marge, moins le nᵒ 6.

1784. La Paysanne et la Fille sur le petit pont de bois
(B. 118). La Ferme au bord de l'eau (B. 116). Très-
belles épreuves à l'eau-forte pure, retouchées au
pinceau, probablement par le maître.

1785. Suite de six estampes (119 à 124). Superbes épr.

1786. La même suite. Belles épreuves.

1787. Paysages ornés de sujets mythologiques (125 à 130).
Suite de six estampes. Superbes épr. Collection
Verstolk de Sœlen.

1788. La même suite. Très-belles épr.

1789. Le Départ d'Agar (131). Rare et superbe épr. à l'eau-
forte pure. Elle est doublée.

WATTERLOO (Antoine)

1790. Le Prophète de Juda (B. 133). Très-rare et superbe épreuve à l'eau-forte pure.

1791. Paysages ornés de sujets de l'ancien Testament (130 à 136). Suite de six estampes. Superbes épr.

1792. La même suite. Belles épr.

1793. L'Homme au bord de la rivière (W. 137). Belle épr.

1794. La même estampe. Belle épr.

1795. Ruisseau coulant au milieu d'une Forêt. Pièce douteuse.

1796. La même estampe. Belle épr.

1797. Différents Paysages (Nos 8, 23, 24, 30, 33, 34, 36, 44, 45, 51, 52, 70, 81, 86, 88. Seize pièces. Belles épr.

1798. Différents paysages (Nos 43, 59, 65, 67, 68, 69, 70, 78, 83, 86, 88, 105). Douze pièces. Belles épr.

1799. Grands paysages en hauteur et en largeur (Nos 108, 109, 110, 112, 115, 117, 118, 125, 131). Neuf Pièces. Très-belles épr.

1800. Son OEuvre, moins les nos 37, 83, 87, 131 et 33. Cent trente-trois pièces, bonnes épr.

1801. Son OEuvre, moins les nos 37, 83, 87, 131 et 133. Cent trente-trois pièces. Bonnes épr.

WATTEAU (Antoine)

1802. Figures de Modes (R. D. 1 à 7). Suite de sept estampes. Très-belles épr. du troisième état, avant toute adresse dans la marge du bas.

1803. Trois pièces doubles de la suite précédente. Belles épreuves avec l'adresse de Hecquet.

WATTEAU (Antoine)

1804. La Troupe italienne, Antoine de La Roque, la Rêveuse, etc. Huit pièces.

WEIROTTER (François-Edmond)

1805. Deux cent cinquante pièces gravées à l'eau-forte, dont plusieurs doubles en différents états. Très-belles épr.

1806. Deux cents pièces. Anciennes épr.

WILLE (Jean-Georges)

1807. L'Instruction paternelle, d'après G. Terburg. Très-belle épr.

1808. Frédéric II, roi de Prusse, d'après A. Pesne. Belle épreuve.

1809. Marguerite-Elisabeth de Largillière, d'après N. de Largillière. Très-belle épr. avec grande marge.

1810. Petits Paysages. Trente-sept pièces en différents états.

WOLFRANG, Orfèvre d'Augsbourg

1811. La Vierge debout, tenant l'enfant Jésus sur son bras. Gravé sur une plaque de cuivre qui se voyait anciennement à la porte ouest de l'église Notre-Dame de Halberstad.

WOOLLETT (William)

1812. La Tempête, d'après R. Wright. Très-belle épreuve, dite aux eaux bleues.

WYCK (Thomas)

1813. La Fileuse au Fuseau (B. 1). Les Joueurs (2). La Forge (9). Les Cuisinières près du puits (13). Sept pièces, dont plusieurs doubles. Belles épr.

ZEEMAN (Reinier)

1814. Deux pièces de la suite de différentes marines (107 à 118 bis). Très-belles épr. du premier état, avant les numéros et le nom du maître.

1815. Marines et vues de Hollande. Quatre-vingt-dix-huit pièces. Anciennes épreuves.

LIVRES SUR LES ARTS

BARTSCH (Adam)

1816. Le Peintre graveur. Vienne, J.-V. Degen, 1803-1821. 21 vol. Supplément au Peintre graveur, par R. Weigel. Leipzig, 1843. 1 vol. Ensemble : 22 vol. in-8, dem.-rel.

1817. Catalogue raisonné de toutes les estampes qui forment l'œuvre de Rembrandt et de son école. Vienne. A. Blumauer, 1797 ; 2 vol. in-8, dem.-rel.

BLANC (Charles)

1818. L'OEuvre complet de Rembrandt. Paris, Gide, 1859-61 ; 2 vol. en 3 livraisons, br.

BAUDICOURT (P. de)

1819. Le Peintre, graveur français, continué. Paris, 1859-1861 ; 2 vol. in-8, br.

BRULLIOT (Fr.)

1820. Dictionnaire des monogrammes. Munich, 1832-1834 ; 3 vol. in-4, dem.-rel.

CLAUSSIN (Le chevalier de)

1821. Catalogue raisonné de toutes les estampes qui forment l'œuvre de Rembrandt, avec supplément. Paris, Didot, ; 2 vol. 1824-1828, in-8, br.

DUMESNIL (Robert)

1822. Le Peintre, graveur français. Paris, 1835-1850 ; 8 vol. in-8, br.

HECQUET

1823. Catalogue des estampes gravées d'après Rubens, auquel on a joint l'œuvre de Jordaens et de Visscher. Paris, Jombert, 1751 ; in-12. veau.

JACOBY

1824. Catalogue de l'OEuvre de G. F. Schmidt. Londres, 1789 ; in-8, br., avec portrait.

JOMBERT

1825. Essai d'un catalogue de l'OEuvre d'Etienne de La Belle. Paris, 1772 ; in-8, cart.

MEAUME (Ed.-M.)

1826. Recherches sur la vie et les ouvrages de Jacques Callot. Paris, veuve J. Renouard ; 2 tomes en 1 vol., in-8, br.

REISET (Frédéric-M.)

1827. Notice des dessins, cartons, pastels, miniatures et émaux, exposés au musée du Louvre. Paris, Ch. Mourgues, 1866 ; in-8, br.

RENOUVIER (J.)

1828. Des Types et des Manières des maîtres graveurs des xv et xvie siècles. Montpellier, 1853-54 ; deux livraisons in-4.

SMITH

1829. Catalogue de l'OEuvre de C. Visscher. Londres, 1864 ; in-8, cart.

DIFFÉRENTS CATALOGUES

1830. Catalogue raisonné des différents objets de curiosité dans les sciences et les arts, qui composaient le cabinet de feu M. Mariette. Paris, F. Basan, 1775 ; in-8, veau.

1831. Catalogue raisonné des estampes des cabinets de feu M. Charles de Valois, de MM. de Silvestre et du comte Rigal, par Regnault-Delalande. Paris, 1801-1810 et 1817 ; 3 vol. in-8, dem.-rel.

DIFFÉRENTS CATALOGUES

1832. État raisonné des estampes et dessins formant le cabinet de M. Paignon — Dijonval, par M. Bénard. Paris, 1810 ; in-4, br.

1833. Catalogue raisonné des estampes du cabinet de feu M. le baron d'Aretin, par F. Brulliot. Munich, 1827 ; 2 vol. in-8, br.

1834. Catalogue raisonné des estampes du cabinet de feu Madame la comtesse d'Ensiedel. Dresde, 1833 ; 2 vol. in-8.

———

1835. Sous ce numéro, il sera vendu un grand nombre de catalogues de ventes d'estampes, de tableaux, etc., objets d'art dont : Denon, Dumesnil, Debois, De Lasalle, Vandenzande, Camberlyn, Soleil, etc.

———

ŒUVRE

DE

Jean-Jacques de BOISSIEU

FORMÉ PAR M. GUICHARDOT

DÉSIGNATION

BOISSIEU (Jean-Jacques de)

15. 600

1836. Portrait du maître (Rigal 1).

Deux épreuves à l'eau-forte pure avec différences. Le dessin que tient le maître représente le portrait de sa femme.

Six épreuves en différents états de l'estampe terminée, mais toujours avec le portrait de la femme sur le dessin, plus une contre-épreuve du même état.

Sept épreuves différentes où le dessin que tient le maître représente un paysage avec figures et animaux. Une épreuve de cet état est lavée et rehaussée de blanc par l'artiste; en tout 16 épreuves dont plusieurs sur papiers de Chine.

Saint Jérôme assis près d'un arbre, occupé à écrire (Rigal 2).

Une épreuve à l'eau-forte pure, avec la date et l'année répétées à la droite de la marge.

Neuf épreuves terminées avec différences, avant que les morsures des étaux aient été entièrement effacées et les angles du cuivre fortement arrondis.

Quatre épreuves avec les marges du cuivre nettoyées et les angles arrondis, en tout 14 épreuves; plusieurs sont sur papier de Chine.

Deux Pères du désert (Rigal 3).

Une épreuve à l'eau-forte pure et avant le titre.

Une épreuve terminée, mais avant les mots « du Désert, » à la suite de : « Les Pères. »

Deux épreuves différentes avant le mot Désert à la suite de Les Pères. Ces épreuves sont avant beaucoup de travaux.

Douze épreuves entièrement terminées avec quelques changements et avec le titre en entier ; plusieurs sont sur papier de Chine ; en tout 16 épreuves.

Le Souverain Pontife Pie VII, bénissant les enfants (Rigal 4).

Deux épreuves premières presque à l'eau-forte pure. Dans cet état les cordons qui soutiennent le dais sont très apparents.

Huit épreuves différentes avant beaucoup de travaux. Dans ces épreuves on aperçoit encore les cordons du dais.

Quatre épreuves différentes entièrement terminées. Les cordons ont complétement disparu ; en tout 14 épreuves, plusieurs sont sur papier de Chine.

Promenade du Souverain Pontife Pie VII, sur la Saône, lors de son passage à Lyon (Rigal 5).

Trois épreuves différentes. Deux sont sur papier de Chine.

Les Moines au chœur, chantant l'office (Rigal 6).

Une épreuve à l'eau-forte pure.

Quatre épreuves différentes avant beaucoup de travaux et avec la marque de l'étau très-apparente au haut de la droite.

Quatre épreuves différentes entièrement terminées et la marge nettoyée ; en tout 10 épreuves, 5 sont sur papier de Chine.

Famille réunie devant une cheminée (Rigal 7).

Quatre épreuves en différents états ; une est à l'eau-forte pure. 2 sont sur papier de Chine.

L'Écrivain public près de son échoppe (Rigal 8).

Deux épreuves différentes à l'eau-forte pure.

Seize épreuves terminées avec différences de travaux opérés en différentes fois par l'artiste ; en tout 18 épreuves. 2 sont sur papier de Chine.

Quatre Tonneliers dans un caveau. Pièce connue sous le titre des Grands Tonneliers (Rigal 8).

Deux épreuves à l'eau-forte pure avec différence.

Treize épreuves terminées avec tous les changements opérés par l'artiste en différentes fois; en tout 15 épreuves. 2 sont sur papier de Chine.

Les Joueurs de boules (Rigal 10).

Six épreuves terminées en différents états. 2 sont sur papier de Chine.

L'Hermitage (Rigal 11).

Une épreuve à l'eau-forte pure.

Quatre épreuves différentes avant que les marges aient été nettoyées et avant divers travaux.

Sept épreuves différentes entièrement terminées et avec les marges du cuivre nettoyées; en tout 12 épreuves. 2 sont sur papier de Chine.

Intérieur d'une ferme (Rigal 12).

Sept épreuves en différentes états, plus une contre-épreuve; une est sur papier de Chine.

Intérieur de ferme (Rigal 12).

Dix-huit épreuves en différents états ou avec quelques changements, dont 5 épreuves à l'état d'eau-forte pure et avec différences, plus une contre-preuve. 4 de ces pièces sont sur papier de Chine.

Le Maître d'école réprimandant un enfant debout devant lui (Rigal 14).

Quatorze épreuves en différents états, dont 5 sur papier de Chine.

Maréchal ferrant un cheval attaché à la porte de sa maison (Rigal 15).

Une première épreuve à l'eau-forte et [avant beaucoup de travaux.

Cinq épreuves terminées avec différences, avant que les marges du cuivre aient été réduites à la grandeur ordinaire.

Deux épreuves avec les marges du cuivre réduites, mais avant la lettre. Une épreuve avec la lettre. En tout 8 épreuves dont 2 sur papier de Chine.

Vieillard faisant l'aumône à une Vieille qu'un enfant accompagne (Rigal 16).

Huit épreuves en différents états; la première est à l'eau-forte pure et avant les travaux dans le ciel. 3 sont sur papier de Chine.

Vieux Mendiant assis, les deux mains dans son chapeau (Rigal 17).

Six épreuves. Deux sont à l'eau-forte pure. Les quatre dernières sont entièrement terminées et ne diffèrent que par quelques petits changements. Une des épreuves d'eau-forte est sur papier de Chine.

Vieillard assis, faisant lire un enfant (Rigal 18).

Six épreuves en différents états, à l'eau-forte pure et avant le double point après le monogramme du maître.

Une épreuve également à l'eau-forte, mais avec ce double point.

Cinq épreuves différentes avec tous les travaux [ajoutés en différentes fois par le maître. En tout 12 épreuves. Plusieurs sont sur papier de Chine.

Deux Enfants jouant avec un chien (Rigal 19).

Onze épreuves d'états différents, dont une à l'eau-forte pure 5 épreuves sont sur papier de Chine et une est imprmée sur satin et retouché au lavis par le maître.

Vieillard donnant une leçon de botanique à quatre enfants (Rigal 20).

Dix épreuves de différents états et une contre épreuve. 4 sont sur papier de Chine.

Fête champêtre (Rigal 21).

Six épreuves de différents états. Les deux premières sont avant divers travaux et avant l'astérisque, après le monogramme et l'année.

Les petits Charlatans (Rigal 22).

Trois épreuves, dont 2 avec différences, et avant l'astérisque après la date. La troisième et avec l'astérisque.

Les petits Tonneliers (Rigal 23).

Seize épreuves d'états différents, depuis celle d'eau-forte jusqu'aux épreuves entièrement terminées et avec l'astérisque dans la marge du bas.

La Gouvernante (Rigal 24).

Deux épreuves dont une sans la jeune fille debout, son ouvrage
à la main. Pièce très rare.

Deux Enfants jouant avec des bulles de savon (Rigal 25).

Cinq épreuves de différents états à l'eau-forte pure et avant les
mots *aqua forti* dans le milieu du bas.

Neuf épreuves différentes avec les mots *aqua forti*. En tout 14
pièces. 4 sont sur papier de Chine.

Peintre peignant un vieillard à longue barbe (Rigal 26).

Deux épreuves avec différences à l'eau-forte pure et avec la tête
de l'enfant qui regarde par-dessus l'épaule du peintre.

Seize épreuves avec différents changements et avec la tête de
l'enfant enlevée. En tout 18 pièces.

Vieillard jouant du hautbois (Rigal 27).

Trois épreuves différentes d'eau-forte pure.

Vingt-huit épreuves d'états différents, avec tous les changement opérés par l'artiste et différentes fois.

Vieillard jouant de la vielle de la main gauche, première planche (Rigal 28).

Six épreuves différentes. 2 sont sur papier de Chine.

Vieillard jouant de la vielle, seconde planche (Rigal 29).

Quatre épreuves différentes du premier état, avant l'astérisque
après le monogramme du maître.

Six épreuves du 2ᵉ état avec quelques changements et avec
l'astérisque. En tout 10 pièces.

Vue du Temple de la Sybille et de la Cascade, à Tivoli (Rigal 30).

Dix épreuves, depuis une toute première à l'état d'eau-forte
jusqu'à l'épreuve entièrement terminée et avec la letttre.

Vue du Passage du Garillano (Rigal 31).

Dix épreuves de différents états. La première est à l'eau-forte
pure.

Vue du Temple du Soleil de l'arc de Titus et fragment du Palais des Empereurs (Rigal 32).

Cinq épreuves du 1ᵉʳ état, avec la dédicace et le nom de ogissieu en entier.

Quatre épreuves différentes du 2ᵉ état avec les initiales seulement du maître; les lettres qui complétaient son nom ayant été supprimées.

Cinq épreuves différentos du 3ᵉ état, sans les armes et la dédicace; il n'y reste plus que le titre. En tout 14 épreuves.

Vue d'Aquapendante, sur la route de Sienne à Rome (Rigal 33).

Deux épreuves du 1ᵉʳ état avant toutes lettres et avec différences.

Deux épreuves du 2ᵉ état, avec le nom de Boissieu en entier et les mots « dédié à » très apparents, l'angle supérieur de gauche est mal indiqué.

Huit épreuves du 3ᵉ état avec les initiales du maître seulement; les lettres qui complétaient son nom ayant été supprimées. La morsure de l'étau et les mots : « Dédiée » à sont encore apparents.

Sept épreuves différentes du 4ᵉ état avec les mots « Dédiée » et la morsure de l'étau effacés. En tout 19 épreuves.

Vue du Temple de Vesta et des vestiges d'anciens aqueducs (Rigal 34).

Neuf épreuves de différents états. Trois sont sur papier de Chine.

Vue du Sépulcre de Cécilia Metella, à Capo di Bove (Rigal 35).

Cinq épreuves différentes du 1ᵉʳ état, avec le titre, les armes et la dédicace à M. le duc de La Rochefoucauld et avant que le bas de la marge inférieure ait été nettoyé.

Quatre épreuves avec différences, avec le titre, les armes et la dédicace enlevés; il ne reste que la date de 1780, plus une contre-épreuve de cet état. En tout neuf pièces dont une sur Chine.

Vue du Pont de Lucano, sur la route de Rome à Tivoli (Rigal 36).

Deux épreuves différentes, avant toutes lettres.

Cinq épreuves avec différences, du 2ᵉ état, avant le changement de l'inscription. M. de La Rochefoucauld y est qualifié de colonel du régiment de la Sarre, et le nom de de Boissieu y est écrit en toutes lettres.

Une épreuve du 3ᵉ état, avec la qualité de **Pair de France**, substituée à celle de colonel du régiment de la Sarre. Dans cet état le nom du maître est encore écrit en entier.

Deux épreuves du 4ᵉ état. Du nom du maître, il ne reste que de B. non suivi d'un astérique.

Sept épreuves différentes du 5ᵉ état, après l'astérique au monogramme. En tout 17 épreuves dont six sur papier de Chine, plus trois contre-épreuves.

Vue de l'Ile Barbe, sur la Saône, à une lieue de Lyon (Rigal 37).

Neuf épreuves. La première est avant quelques travaux et la planche nettoyée. Les autres sont entièrement terminées et la dernière est avec l'adresse et le titre gravé.

Entrée du village de Santilly. Pièce dite *Les Petits Maçons* (Rigal 38).

Six épreuves de différents états. La première est avec la répétition du titre, entre celui que nous venons de mentionner et le trait carré. Elle est sur Chine, ainsi que deux des autres états.

Vue du Pont et du Château de Sainte-Colombe, en Dauphiné (Rigal 39).

Deux épreuves à l'eau-forte pure et avant les travaux dans le ciel.

Sept épreuves en différents états, avec les travaux ajoutés. Une est sur papier de Chine.

Vue près de l'Arbresle, en Lyonnais (Rigal 40).

Neuf épreuves en différents états. La première est à l'eau-forte t le cuivre mesure un centimètre en largeur de plus qu'aux épreuves suivantes. Deux épreuves sont sur Chine, plus une contre-épreuve.

Vue de Saint-Andéole, en Lyonnais (Rigal 41).

Treize épreuves en différents états. Quatre sont sur papier de Chine.

Vue des Bords de la rivière d'Ain (42).

Onze épreuves en différents états. La première est avant que l'angle du haut du cuivre, à gauche ait été arrondi. Trois sont sur papier de Chine.

Vue de Champ-Verd, près de Lyon. — Vue du Château de Madrid, près Paris (Rigal 43 et 44).

Quinze épreuves différentes de ces deux pièces. Les deux premières sont à l'eau-forte pure et avant les travaux dans le ciel, le
dernier état porte l'adresse d'Artaria.

Vues de Saint-Romain-sur-Gier, en Lyonnais. —
Du grand chemin de Fontainebleau à Bouron. —
De l'Entrée de la forêt de Fontainebleau, sur la
route de Lyon. — De la Fontaine de Choulan, près
de Lyon. — De Montagnes avec cascades à la
droite. — Et d'une Cascade tombant d'une maison
très-élevée. Suite de six pièces, dont trois en
hauteur et trois en largeur (Rigal 45 à 50).

Nous possédons de cette suite cinquante-neuf épreuves en
différents états, depuis celles d'eau-forte pure jusqu'aux épreuves
les plus terminées. Quelques-unes sont sur papier de Chine et une
sur satin.

Vues de Lyon. Suite de quatre pièces (Rigal 51 à 54).

Ces quatre estampes se trouvent ici en quatre états différents,
depuis les épreuves d'eau-forte pure et avant la lettre, jusqu'aux
épreuves terminées et avec la lettre. Seize pièces.

Intérieur d'une Forêt où des bûcherons abattent un
vieil arbre. Pièce dite la *Grande Forêt* (Rigal 55).

Cinq épreuves d'états différents. La première est à l'eau-forte
pure et très-rare.

Deux Vaches passent à gué une rivière, elles sont
suivies d'un jeune homme qui les conduit, d'un
vieillard portant un enfant et d'une femme montée sur un âne (Rigal 56).

Six épreuves de différents états. La première est à l'eau-forte
pure. De la plus grande rareté, plus une épreuve retouchée au
pinceau par le maître et ayant l'aspect d'un dessin.

Des Hommes au bord d'une rivière, d'où ils viennent de retirer un noyé (Rigal 57).

Une épreuve à l'eau-forte pure.
Neuf épreuves entièrement terminées avec différences de tirage.
En tout 10 pièces.

Paysage avec un vieux pont de pierre de trois arches, sur lequel passe une charrette attelée d'un cheval (Rigal 58).

Deux épreuves avec différences, du 1er état, à l'eau-forte pure et avant les travaux dans le ciel.

Neuf épreuves terminées en différents états. Deux sont sur papier de Chine.

Des Villageoises se reposant au coin d'un bois, près d'une femme qui fait manger un enfant (Rig. 59).

Douze épreuves en différents états. La première est à l'eau-forte pure. Cinq sur papier de Chine.

Joli Paysage connu sous le nom de l'Oratoire (Rigal 60).

Quatre épreuves de différents états, plus une contre-épreuve. Deux sont sur papier de Chine.

Un Homme à cheval, un villageois et deux vaches passent à gué une rivière (Rigal 61).

Une épreuve d'eau-forte pure.

Cinq épreuves terminées et en différents états. Deux sont sur papier de Chine. Six pièces.

La Cascade (Rigal 62).

Deux épreuves toutes premières avec la marque de l'étau très-apparente dans la marge de gauche.

Onze épreuves avec différences avant que les marges du cuivre aient été diminuées et les angles fortement arrondis.

Deux épreuves avec les changements du cuivre, mais avant la lettre.

Une épreuve avec la lettre et l'adresse de Frauenholz. En tout 16 pièces. Quatre sont sur papier de Chine.

Vue d'un lieu champêtre où coule une rivière (Rigal 63).

Douze épreuves en différents états, plus une contre-épreuve. Deux sont sur papier de Chine.

Autre paysage, faisant pendant au précédent (Rig. 64).

Une première épreuve à l'eau-forte pure.

Trois épreuves avec la morsure de l'étau au coin droit supérieur très-apparente.

Cinq épreuves différentes après la morsure effacée.

Une épreuve retouchée au pinceau par le maître. En tout dix épreuves. Quatre sont sur papier de Chine.

Vieille chapelle entourée d'arbres (Rigal 65).

Une épreuve toute première, à l'eau-forte pure et avant le ciel.

Neuf épreuves terminées et avec les travaux en différentes fois par le maître. Six sont sur papier de Chine.

Autre paysage, faisant pendant au morceau précédent (Rigal 66).

Deux épreuves différentes, à l'eau-forte pure, avant le ciel.

Dix épreuves terminées, avec différences de travaux ajoutés en plusieurs fois par le maître. En tout 12 épreuves. Trois sont sur papier de Chine.

Vieux château délabré où est un cabaret; sur le devant, trois hommes jouent aux cartes (Rigal 67).

Deux premières épreuves, avec la marque de l'étau dans la marge de gauche.

Six épreuves avec cette marque effacée, mais avant que les marges du cuivre aient été réduites à la grandeur ordinaire.

Une épreuve avec les marges du cuivre réduites, mais avant la ettre et l'adresse.

Une épreuve avec cette lettre et l'adresse. En tout dix épreuves. Deux sont sur papier de Chine.

Bateliers conduisant un bateau chargé de vieux arbres (Rigal 68).

Cinq épreuves différentes avant que le trait carré ait été reprise en plusieurs endroits et avant les angles du cuivre arrondis.

Quatre épreuves différentes, avec les angles arrondis et la reprise du trait carré, mais avant la lettre et l'adresse de Frauenholz.

Une épreuve avec la lettre et l'adresse. En tout dix pièces. Une est sur papier de Chine.

Bateau en réparation dans un chantier à Savygni (Rigal 69).

Huit épreuves en différents états. Les deux premières ont la marque de l'étau très-apparente dans la marche de gauche, et sont beaucoup moins travaillées ; la bordure est faiblement indiquée. Deux sont sur papier de Chine.

Paysage d'un site riche (Rigal 70).

Cinq épreuves de différents tirages : l'une d'elles porte dans la marge inférieure une note de la main du graveur.

Ce paysage n'a jamais été plus fort, l'eau-forte ayant mordu légèrement.

Entrée d'une forêt; à droite, une mare et une cabane (Rigal 71).

Trois épreuves différentes à l'eau-forte pure et avant les travaux dans le ciel. Au coin droit inférieur de la première, la marque de l'étau a formé une tache noire d'eau-forte.

Cinq épreuves différentes, avant l'astérique et avant que la morsure de l'étau ait été effacée.

Une épreuve avec la morsure effacée, mais avant l'astérisque.

Quatre différentes épreuves avec l'astérisque après le monogramme du maître. En tont treize épreuves dont quatre sur papier de Chine et une sur satin.

Autre entrée de forêt, faisant pendant à celle qui précède (Rigal 72).

Une épreuve à l'eau-forte avant le ciel, avec un coup de lavis donné par l'auteur.

Une autre épreuve d'eau-forte pure, avec le coin droit inférieur mal indiqué.

Quatre épreuves différentes terminées, avec le coin régularisé, mais avant l'astérique à la suite du monogramme du maître.

Sept épreuves différentes avec l'astérisque. En tout treize pièces. Trois sont sur papier de chine.

Vue d'une Campagne pendant l'hiver (Rigal 73).

Quatre épreuves à l'eau-forte pure avec différences.

Une épreuve terminée, avec la morsure de l'étau au haut de la droite et avant l'angle du trait carré raccordé.

Quatre épreuves différentes avec l'angle raccordé et la morsure effacée. Dix pièces.

Vue d'une Campagne au printemps (Rigal 74).

Trois différentes épreuves à l'eau-forte pure et avant le ciel. L'angle supérieur de gauche est mal indiqué.

Cinq épreuves terminées en différents états. L'angle est raccordé. En tout huit pièces.

Paysage où est une baraque en planche et en paille (Rigal 75).

Quatre épreuves différentes avec la bordure faible.

Quatre épreuves avec la bordure raccordée. Huit pièces dont une sur Chine.

Pays coupé par une rivière (Rigal 76).

Deux épreuves dont une sur Chine.

Une ânesse debont, près de son ânon couché sur le devant d'une campagne (Rigal 77).

Six épreuves de différents états. Deux sont sur papier de Chine.

Vue d'un petit bois ; à droite, un chasseur (Rigal 78).

Deux premières épreuves avec le ciel couvert des traces du brunissoir.

Huit épreuves différentes avec le ciel nettoyé.

Vue de rochers (Rigal 79).

Deux épreuves différentes, la première est avec la bordure faible Cette pièce est de la plus grande rareté.

Vue de mer ; à droite, une vieille tour (Rigal 80).

Vingt épreuves de différents états, depuis l'eau-forte pure jusqu'à l'épreuve la plus terminée. Une épreuve est enrichie de quelques teintes au lavis par l'artiste.

Moulin d'Italie, près d'un rocher d'où tombent trois cascades (Rigal 81).

Trois épreuves différentes d'eau-forte pure, avant le ciel et avant les plantes sur le devant à gauche.

Une épreuve également à l'eau-forte pure, mais avec les plantes sur le devant de la gauche.

Deux épreuves terminées, avec le ciel, mais avant l'astérisque après le monogramme du maître.

Dix épreuves de différents états avec l'astérisque. Plusieurs sont sur papier de Chine. En tout seize pièces.

Paysage où vers la droite, trois femmes lavent du linge à une pièce d'eau. Morceau dit les *Petites Laveuses* (Rigal 82).|

Cinq épreuves de différents états dont une sur papier de Chine.

Autre Paysage, faisant pendant au précédent (Rig. 83).

Cinq épreuves d'états différents. Deux sont sur papier de Chine.

Suite de dix Paysages, gravés à l'eau-forte, par Boissieux, peintre. A Paris, chez Basan (Rigal 84 à 93).

De ces dix paysages, nous possédons soixante-trois épreuves en états différents, depuis les épreuves d'eau-forte pure, avec différences et avant la lettre, jusqu'aux épreuves les plus terminées avec la lettre et les numéros. Quelques-unes sont imprimées à deux sur la feuille.

Paysages, dessinés et gravés, par J. J. D. B., à Lyon, 1759 (Rigal 94 à 99).

Suite de six paysages du 1er état, à l'eau-forte et avant les ciels. Le titre est double et est avant l'adresse de la veuve Chevreau. Deux autres pièces de la suite s'y trouvent également en états différents. Onze pièces.

La même suite. Épreuves du 2e état avec les ciels et imprimées en rouge.

Portrait du Souverain Pontife Pie VII, vu de profil et dirigé vers la gauche (Rigal 100).

Deux épreuves premières, avec les inégalités dans le fond à gauche.

Six épreuves avec ces inégalités corrigées mais en différents états. En tout huit pièces dont quatre sur papier de Chine.

Portrait de M. de Boissieu, docteur en médecine, frère du graveur (Rigal 101).

Une épreuve première avec le fond sale.

Deux épreuves avec le fond nettoyé ; une est sur Chine. Trois pièces.

La Servante de J.-J. de Boissieu (Rigal 102).

Six épreuves avec changements opérés en différentes fois par le maître. Les deux premiers sont avant beaucoup de travaux dans les fonds. Trois sont sur papier de Chine.

Vieillard à front chauve, vu de trois quarts, tourné vers la droite (Rigal 103).

Deux épreuves premières, avant le troisième point, à la suite du monogramme et avant que la morsure de l'étau ait été ébarbée.

Une épreuve avec la morsure de l'étau ébarbée, mais avant le troisième point.

Cinq épreuves différentes avec le triple point après le monogramme. Huit épreuves, plus une contre-épreuve. Deux sont sur papier de Chine.

Vieillard vu presque de face, un bonnet sur la tête (Rigal 104).

Trois épreuves premières, avant le second point, après le monogramme du graveur.

Trois épreuves différentes avec le double point, mais avant que la tache d'eau-forte, près du bord inférieur, et les morsures des étaux aient été effacées.

Trois épreuves différentes de la planche nettoyée. En tout neuf épreuves. Deux sont sur papier de Chine.

Homme tourné vers la gauche, tête nue, vu de trois quarts (Rigal 105).

Une épreuve avec le fond sale, et une seconde épreuve avec le fond nettoyé. Deux épreuves.

Vieille, surnommée la *Boudeuse* (Rigal 106).

Deux épreuves premières, avant le second point, à la suite du monogramme du graveur et avec les barbes de la morsure de l'étau. Trois épreuves différentes avec le double point non-ébarbé.

Cinq épreuves différentes avec le double point ébarbé et la morsure de l'étau presque effacée. Dix pièces en tout.

Une feuille de quatre études de demi-figures et de têtes (Rigal 107).

Quatre épreuves de différents tirages. Une est sur papier de Chine.

Autre feuille d'études, contenant trois têtes d'hommes, une de bélier et une de chevreau (Rigal 108).

Quatre épreuves de différents états. Une est sur papier de Chine.

Autre feuille d'études, contenant sept têtes, au bas de laquelle on voit deux vieillards à grands bonnets et longues barbes (Rigal 109.)

Une épreuve toute première avant la planche nettoyée, avant les travaux dans les fonds, et avec le bonnet du vieillard à gauche, blanc.

Quatre épreuves avec les travaux dans les fonds, mais avant que les angles du cuivre, à gauche, aient été fortement arrondis-

Trois épreuves différentes avec les angles arrondis. En tout huit pièces.

Autre feuille, contenant aussi sept études (Rig. 110).

Quatre épreuves de différents tirages. Deux sont sur papier de Chine.

Autre feuille de huit études de têtes (Rigal 111).

Une épreuve à l'eau-forte pure, avant beaucoup de travaux dans les fonds.

Cinq épreuves différentes, avec les traces de la morsure de l'étau, au coin droit supérieur et avec l'an III très-légèrement tracé à la pointe, à la suite des initiales du maître.

Deux épreuves différentes, avec les traces de l'étau disparues et la date effacée. En tout 8 pièces, dont une sur papier de Chine

Autre feuille d'études de têtes, parmi lesquelles on remarque celle d'un vieillard à qui l'on fait la barbe (Rigal 112).

Trois épreuves premières du premier état avec différences avant que la grosse tête d'homme, vue de trois quarts, au bas de la droite, ait été effacée et remplacée par six griffonnements.

Quatre épreuves, avec le changement de la tête du vieillard, mais avant l'effacement de la morsure de l'étau.

Quatre épreuves différentes, avec la morsure de l'étau effacée. En tout 11 pièces, dont deux sur papier de Chine.

Une chatte et un petit chat dormant au soleil (Rigal 113).

Trois épreuves différentes. Deux sont sur papier de Chine. 6 pièces.

14

Suite de sie griffonnements (Rigal 114 à 119).

Six pièces.

Une feuille de huit études (Rigal 120).

Huit épreuves avec quelques différences. Les deux premières sont avant les angles du cuivre aprondi. Trois sont sur papier de Chine.

Autre feuille d'études (Rigal 121).

Deux épreuves toutes premières, avec deux petites études de têtes dans le fond et avec les angles mal aprondis.

Trois épreuves avec ces deux petites études effacées, de sorte qu'il ne reste plus que la vieille fileuse et le vieillard à barbe. Les angles out été arrondis. 5 pièces dont 2 sur papier de Chine.

Les nos 122 et 123 ne sont pas de Boissieu.

Deux Anges à genoux sur des nuages, adorent une croix placée sur un cœur enflammé (Rigal 124). Pièce très-rare.

Une épreuve.

Vue d'un port; à la gauche du premier plan, devant un groupe d'arbres, une grande pierre avec armoiries (Rigal 125).

Une épreuve de chacun des quatre états. 4 pièces.

Buste d'homme vu de trois quarts, dirigé vers la droite, d'après Van-Dyck (Rigal 126).

Quatre épreuves premières, avant le second point à la suite du monogramme du graveur.

Trois épreuves différentes, avec les deux points non ébarbés.

Une épreuve avec les deux points ébarbés. En tout 8 pièces, dont 4 sur papier de Chine.

Portrait d'homme à mi-corps, d'après D. Teniers (Rigal 127).

Une toute première épreuve à l'eau-forte pure.

Sept épreuves terminées, en différents états. En tout 8 pièces, dont 4 sur papier de Chine.

Paysage, d'après Fouquières (Rigal 128).

Sept epreuves de de différents états. Quatre sont sur papier de Chine.

Grand Paysage, d'après Wynants (Rigal 129).

Quatre épreuves avant la lettre, avec différences; l'une est avant les travaux à la roulette.

Deux épreuves avec la lettre, avec les différents changements dans le titre. En tout six épreuves, dont deux sur Chine.

Paysage, d'après Swanewelt (Rigal 130).

Superbe épreuve de cette pièce qui est de la plus grande rareté; on n'en connaît que quatre épreuves.

Villageois prêt à passer à gué une rivière où sont deux vaches et un chien, d'après Berghem (Rigal 131).

Deux épreuves premières, avant beaucoup de travaux dans les ciels. Le trait carré est légèrement exprimé.

Six épreuves différentes, entièrement terminées et avec le trait carré renforcé. En tout huit épreuves, dont trois sur papier de Chine.

Petit Paysage montagneux, d'après Berghem (Rigal 132).

Quatorze épreuves de différents états. Six sont sur papier de Chine,

La Digue rompue, d'après Asselin Craesbéke (Rigal 133).

Sept épreuves de différents tirages. Plusieurs sont avant les travaux à la roulette et avant divers travaux.

Bouvier assis sous de grands arbres, à la gauche d'une campagne, près d'une pièce d'eau où sont deux vaches (Rihal 134).

Une épreuve à l'eau-forte pure et avant l'accord général.

Quatre épreuves de différents états, avec tous les raccords faits par le maître.

Deux épreuves avec la lettre, avec les différents changements dans le titre. En tout sept épreuves, dont deux sur papier de Chine.

Le Moulin à eau, d'après J. Ruysdael (Rigal 135).

Huit épreuves de différents tirages, plusieurs sont avant quelques travaux dans les ombres. Deux sont sur papier de Chine.

Le Moulin de Ruysdael (Rigal 136).

Trois épreuves différentes du premier état, avant l'inscription en deux lignes au-dessous du titre.

Six différentes épreuves avec les deux lignes d'inscription, mais avant que trois des angles coupés diagonalement aient été arrondis.

Cinq épreuves différentes, avec les deux lignes d'inscription, mais avec trois des angles du cuivre arrondis. En tout quatorze épreuves, dont plusieurs sur papier de Chine.

Pays coupé par un chemin où un homme se repose, à peu de distances de deux chaumières (Rigal 137).

Cinq épreuves premières, avec différences avant l'astérisque à la suite du monogramme du maître.

Six épreuves différentes, avec l'astérisque après le monogramme. En tout onze épreuves, dont deux sur papier de Chine.

Un Pâtre et un Taureau traversant une rivière, d'après J. Ruysdael (Rigal 138).

Une épreuve toute première à l'eau-forte pure, avant les travaux dans le ciel et avant la seconde ligne de titre.

Deux épreuves également à l'eau forte, mais avec quelques travaux en plus dans le ciel et sur la maison à droite.

Quatre épreuves terminées, avec différences, mais toujours avant la seconde ligne de titre.

Six épreuves différentes avec la seconde ligne. En tout 13 pièces, plus une contre-épreuve. 6 sont sur papier de Chine.

Le Repos des faucheurs, d'après Adrien Van den Velde (Rigal 139).

Une épreuve du premier état, avant beaucoup de travaux et avec la bordure faible. La morsure de l'étan au haut de la gauche est très-apparente.

Quatre épreuves différentes, également avant beaucoup de travaux et aussi avec la bordure faible. La marque de l'étau a presque disparue.

Sept épreuves différentes, avec le trait carré raccordé. En tout douze épreuxes dont plusieurs sur papier de Chine.

Les grands charlatans (Rigal 140).

Deux toutes premières épreuves, avant le ciel terminé, avant le nom du maître et l'astérisque, et avant les deux lignes d'inscription. Les marques de l'étau sont très-apparentes au haut de la droite et a bas de la gauche.

Une épreuve, avant l'astérique, après les initiales du maître, mais avec les deux lignes d'inscription. Cette épreuve est lavée à l'encre de Chine par le maître.

Une épreuve, du même état, mais avant beaucoup de travaux dans le ciel.

Quatre épreuves différentes, avant l'astérisque et avant divers travaux. Dans cet état, les marques de l'étau ne sont plus très-apparentes.

Deux épreuves avec l'astérique, mais sans les marques de l'étau. Les coins ne sont pas encore raccordés.

Sept épreuves différentes avec l'astérisque et avec les deux coins raccordés.

Dans cet état, la planche a été entièrement passée au travail de la roulette et donne l'effet du lavis. En tout 17 pièces.

Deux femmes et un jeune garçon près d'un lavoir où coulent les eaux d'une fontaine (Rigal 141).
Pâtre jouant du flageolet, près d'une bergère qui garde des chèvres (Rigal 142).

Onze épreuves de différents états ; plusieurs sont sur papier de Chine.

Vue d'un village des environs de Lyon, au bord du Rhône. Dans le haut, à gauche, les initiales du maître.

Pièce non décrite par Rigal et restée inconnue jusqu'ici. Elle ne porte aucune inscription. Largeur 33 cent. Hauteur 20 cent.

Ensemble douze cent cinq pièces.

1837. L'OEuvre du même maître en 457 épreuves de différents états, dont on verra ci-après l'indication :

N° 1 du catalogue Rigal. Une épreuve eau-forte pure.
Une épreuve terminée avec le portrait.
Une épreuve avec le paysage.

N° 2. Une épreuve à l'eau-forte pure.
Une épreuve terminée, sur papier de Chine.
Une épreuve terminée, sur papier blanc.

N° 3. Une épreuve à l'eau-forte pure et avant la lettre.
Une épreuve avant le mot Désert après : Les Pères du.
Une épreuve avec le titre en entier, sur papier de Chine.

N° 4. Une épreuve avec les cordons du dais apparents.
Une épreuve du même état, sur papier de Chine.
Une épreuve avec les cordons couverts de travaux.

N° 5. Deux épreuves, dont une sur papier de Chine.

N° 6. Une épreuve avec les morsures des étaux très-apparentes, sur Chine.
Une épreuve un peu plus travaillée et les morsures moins apparentes, sur Chine.
Une épreuve avec les morsures effacées.

N° 7. Une épreuve à l'eau-forte pure.
Deux épreuves terminées, sur papier de Chine

N° 8. Une épreuv à l'eau-forte pure.
Une épreuve terminée sur papier blanc.
Une épreuve sur papier de Chine.

N° 9. Une eau-forte pure.
Une épreuve terminée avec la morsure de l'étau très-apparente.
Une épreuve sur papier de Chine.

N° 10. Une épreuve avant l'accord à la pointe sèche.
Une épreuve terminée sur papier de Chine.
Une épreuve sur papier blanc.

N° 11. Une épreuve avant divers travaux et avant les marges du cuivre nettoyées.
Une épreuve plus terminée. Les marges du cuivre ne sont pas encore nettoyées. Sur Chine.
Une épreuve avec les marges nettoyées.

N° 12. Une épreuve à l'eau-forte pure.
Une épreuve terminée sur papier de Chine.
Deux épreuves différentes et terminées, sur blanc.

N° 13. Une épreuve à l'eau-forte pure.
Deux épreuves terminées, dont une sur Chine.

N° 14. Trois épreuves différentes, dont une sur papier de Chine.

N° 15. Deux épreuves différentes. Une est avec les taches du brunissoir dans le fond à droite.

N° 16. Trois épreuves, dont une à l'eau-forte pure.

N° 17. Une épreuve à l'eau-forte pure,
Trois épreuves terminées avec différences dans les travaux.

N° 18. Une épreuve à l'eau-forte pure.

Deux épreuves différentes avec les travaux à la roulette.

N₀ 19. Trois épreuves différentes. Une est sur Chine.

N° 20. Trois épreuves avec différences, plus une contre-épreuve.

N° 21. Une épreuve avant l'astérisque.

Trois épreuves différentes avec l'astérisque. Une est sur papier de Chine.

N° 22. Trois épreuves différentes avant l'astérisque, dont une imprimée sur satin.

Trois épreuves différentes avec l'astérisque, plus une contre-épreuve du même état.

N° 23. Une épreuve à l'eau-forte pure.

Une autre épreuve plus terminée, mais avant l'astérisque.

Deux épreuves avec l'astérisque, dont une sur papier de Chine.

N° 24. Deux épreuves, dont une sans la jeune fille debout, son ouvrage à la main.

N° 25. Trois épreuves, dont une sur papier de Chine.

N° 26. Deux épreuves à l'eau-forte pure et avec la tête de l'enfant qui regarde par dessus l'épaule du peintre. Une de ces pièces est passée au lavis par le maître.

Deux épreuves terminées et avec la tête de l'enfant effacée.

N° 27. Trois épreuves, dont une sur papier de Chine.

N° 28. Trois épreuves différentes, dont deux sur papier de Chine

N° 29. Deux épreuves avant l'astérisque, dont une sur Chine. Une épreuve avec l'astérisque.

N° 30. Une épreuve à l'eau-forte pure.

Deux épreuves terminées, mais avant les angles arrondis. Une est sur Chine.

Une épreuve avant la lettre, mais avec les angles arrondis, plus une épreuve avec la lettre.

N° 31. Une épreuve à l'eau-forte pure et avec les angles du cuivre aigus.

Trois différentes épreuves terminées et avec les angles arrondis. Une est sur papier de Chine.

N° 32. Deux épreuves différentes sur papier de Chine, avec le nom du maître écrit en entier.

Deux épreuves avec les dernières lettres du nom du maître effacées.

Deux épreuves avec la dédicace effacée, sur Chine et sur blanc.

N° 33. Une épreuve avec le nom du maître écrit en entier.

Deux épreuves différentes où les mots *dédié à* sont encore très-apparents et les dernières lettres du nom du maître effacées.

Une épreuve où les mots *dédiée à* ont disparu.

Nº 34. Trois épreuves différentes, dont une sur Chine.

Nº 35. Une épreuve avant les armes et la lettre.
Deux épreuves différentes avec les armes et la lettre.

Nº 36. Une épreuve avant toutes lettres, sur Chine.
Une épreuve avec le nom du maître écrit en entier et avec la qualification de colonel de régiment de la Sarre.
Une contre-épreuve de ce même état.
Deux épreuves avec la qualification de pair de France et avec les dernières lettres du nom du maître effacées, mais avant l'astérisque.
Une épreuve avec l'astérisque.

Nº 37. Une épreuve avec le trait échappé en bas de la composition.
Deux épreuves avec ce trait effacé. Sur Chine.
Une épreuve avec la lettre.

Nº 38. Trois épreuves différentes, dont une sur papier de Chine.

Nº 39. Trois épreuves différentes, dont une sur papier de Chine.

Nº 40. Quatre épreuves différentes, dont une sur papier de Chine.

Nº 41. Quatre épreuves différentes, dont une sur papier de Chine.

Nº 42. Trois épreuves différentes, dont deux sur Chine.

Nº 43 et 44. Trois épreuves de chacune de ces deux pièces avant l'adresse d'Artaria.

Nº 45 à 50. Vingt-six épreuves différentes de ces six pièces.

Nº 51 à 54. Quatre pièces, dont une avant la lettre.

Nº 55. Une épreuve à l'eau-forte pure.
Trois épreuves terminées, en différents états. Deux sont sur papier de Chine.

Nº 56. Trois épreuves différentes, dont une sur papier de Chine.

Nº 57. Une épreuve avant la planche nettoyée.
Deux épreuves terminées, dont une sur Chine.

Nº 58. Une épreuve à l'eau-forte pure avant le ciel.
Quatre épreuves terminées, en différents états. Une est sur Chine.

Nº 59. Une épreuve à l'eau-forte pure.
Deux épreuves terminées. Sur Chine.

Nº 60. Deux épreuves, dont une sur papier de Chine.

N° 61. Quatre épreuves, dont deux sur papier de Chine.

N° 62. Deux épreuves à l'eau-forte pure, une est sur Chine.
Une épreuve avant les angles arrondis.
Une épreuve avec les angles arrondis, mais avant la lettre.
Une épreuve avec la lettre.

N° 63. Une épreuve à l'eau-forte pure et avant l'année après
le monogramme.
Trois épreuves différentes, avec le monogramme. Une est sur
Chine.

N° 64. Trois épreuves, dont une sur papier de Chine.

N° 65. Trois épreuves de différents états. Une est sur Chine.

N° 66. Trois épreuves différentes, dont une sur Chine.

N° 67. Deux épreuves, dont une sur Chine.

N° 68. Trois épreuves, dont deux sur papier de Chine.

N° 69. Trois épreuves, dont une sur papier de Chine.

N° 70. Une épreuve avec la marque de l'étau très-apparente.
Trois épreuves différentes, dont une sur Chine.

N° 71. Une épreuve à l'eau-forte pure et avant le ciel. Sur
Chine.
Deux épreuves terminées, mais avant l'astérisque, après le mo-
nogramme du maître.
Une épreuve avec l'astérisque.

N° 72. Une épreuve avant l'astérisque, après le monogramme.
Trois épreuves différentes avec l'astérisque. Une est sur papier
de Chine.

N° 73. Une épreuve à l'eau-forte pure.
Deux épreuves différentes, sur papier de Chine.

N₀ 74. Une épreuve à l'eau-forte pure.
Deux épreuves terminées, dont une sur Chine.

N° 75. Trois épreuves avec différences. Une est sur papier de
Chine.

N° 76. Trois épreuves, dont une est sur Chine.

N° 77. Trois épreuves, dont une sur papier de Chine.

N° 78. Trois épreuves, dont une sur Chine, plus une contre
épreuve.

N° 79. Manque.

N° 80. Une épreuve avant les travaux à la roulette.
Deux épreuves avec les travaux. Une est sur Chine:

No 81. Une épreuve à l'eau-forte pure, avant le ciel et avant l'astérisque.

Deux épreuves différentes avec l'astérisque. Une est sur papier de Chine.

No 82. Cinq épreuves, dont une sur papier de Chine.

No 83. Trois épreuves. Une est sur papier de Chine.

No 84 à 93. Trente et une épreuves différentes de ces dix paysages. Plusieurs sont à l'eau-forte pure.

No 94 à 99. Dix-sept épreuves de ces six pièces. Une suite, moins le titre qui manque, est à l'eau-forte pure.

No 100. Cinq épreuves de différents états. Une est sur Chine.

No 101. Trois épreuves, dont une sur Chine.

No 102. Trois épreuves différentes, dont deux sur papier de Chine, plus une contre-épreuve.

No 103. Cinq épreuves, plus deux contre-épreuves.

No 104. Cinq épreuves, dont plusieurs sur papier de Chine.

No 105. Trois épreuves avec différences.

No 106. Quatre épreuves de différents états. Deux sont sur papier de Chine.

No 107. Trois épreuves, dont une sur papier de Chine.

No 108. Trois épreuves différentes. Deux sont sur Chine.

No 109. Une épreuve à l'eau-forte pure et avec le bonnet du vieillard qui est à droite, blanc.

Deux épreuves terminées. Une est sur Chine.

No 110. Une première épreuve avant la planche nettoyée.

Deux épreuves sur papier de Chine avec la planche nettoyée.

No 111. Une épreuve à l'eau-forte pure.

Deux épreuves terminées, dont une sur Chine.

No 112. Une première épreuve avec une tête d'homme, vue de trois quarts au bas de la droite.

Trois épreuves avec la tête effacée et remplacée par six griffonnements. Une est sur Chine.

No 113. Deux épreuves.

No 114 à 119. Deux épreuves de chacune de ces six pièces.

No 120 et 121. Trois épreuves de chacune de ces deux pièces.

No 124. Une épreuve.

Nº 125. Quatre épreuves d'états différents. Deux sont sur Chine.

Nº 126. Trois épreuves différentes, dont une sur Chine.

Nº 128. Une épreuve à l'eau-forte pure.
Deux épreuves terminées, avec quelques changements.

Nº 129. Une épreuve avant beaucoup de travaux et une épreuve terminée sur papier de Chine.

Nº 130. Manque.

Nº 131 Deux épreuves.

Nº 132. Une épreuve avec la marge du cuivre non nettoyée et avant les travaux dans le ciel.
Trois épreuves avec la marge nettoyée. Une est sur papier de Chine.

Nº 133. Une épreuve de la planche non ébarbée.
Deux épreuves de la planche ébarbée. Une est sur papier de Chine.

Nº 134. Deux épreuves, dont une sur papier de Chine.

Nº 135. Trois épreuves, dont deux sur papier de Chine.

Nº 136. Deux épreuves différentes avant les angles arrondis.
Une épreuve avec les angles arrondis, sur papier de Chine.

Nº 137. Une épreuve avant l'astérisque,
Deux épreuves avec l'astérisque. Une est sur Chine.

Nº 138. Une épreuve à l'eau-forte, avant beaucoup de travaux dans le ciel.
Une épreuve avec les travaux, plus une contre-épreuve.

Nº 139. Quatre épreuves de différents états. Deux sont sur papier de Chine.

Nº 140. Trois épreuves de différents états, avant l'astérisque, plus une contre-épreuve aussi avant l'astérisque. Deux sont sur Chine.
Deux épreuves, avec l'astérisque et les travaux à la roulette. Une est sur Chine.

Nº 141. Une épreuve avec la morsure de l'étau très-apparente.
Deux épreuves avec la morsure effacée. Une est sur Chine.

Nº 142. Trois épreuves, dont une sur Chine.

1838. Le même œuvre en 353 pièces de différents états, dont beaucoup à l'eau-forte pure et avant divers changements opérés en différentes fois par le maître. La plupart des épreuves sont doubles et imprimées, l'une, sur papier blanc, et l'autre sur papier de Chine. Il manque pour que l'œuvre soit complet :

1° Deux Vues de Lyon, des nᵒˢ 51 à 54.
2° Vues de rochers (nᵒ 79).
3° La gloire d'Anges (nᵒ 124).
4° Le Paysage, d'après Swanevelt (nᵒ 130).

Toutes ces pièces sont de la plus grande rareté. La dernière est cataloguée sous le numéro suivant et sera vendue séparément.

1839. Paysage, d'après Swanevelt.

Superbe et rare épreuve d'eau-forte pure. Cette pièce est une des plus rares de de Boissieu ; on n'en connaît que quatre épreuves, dont une dans l'œuvre décrit ci-dessus. La planche a été détruite dans un incendie.

———

1839 *bis*. Sous ce numéro, il sera vendu par lots un grand nombre de Pièces de l'œuvre, du même maître.

ŒUVRE

d'Adrien van OSTADE

DÉSIGNATION

—

OSTADE (Adrien van)

—

1840 Son portrait vu à mi-corps, dirigé vers la droite, dans un ovale, en haut duquel on lit : *Adriaan van Ostade.*

Dessin au lavis et à la sanguine, probablement de J. Gole.

1841. Son portrait, vu à mi-corps, dirigé vers la droite dans une bordure ovale, en haut de laquelle on lit : *Adriani van Ostade.* Gravé en manière noire par J. Gole, d'après C. Dusart.

Très-belle épreuve avant la lettre.

1842. La même estampe.

Très-belle épreuve du même état.

1843. La même estampe.

Belle épreuve avec la lettre.

1844. La même estampe.

Belle épreuve tirée en bistre.

1845. Son portrait, vu à mi-corps, dirigé vers la gauche;
il est en perruque et en manteau. Gravé en manière
noire, par J. Gole, d'après C. Dusart.

Les angles sont teintés au lavis. Au bas, dans une banderolle
ornée d'attributs de peintres, on lit *Adriaen van Ostade*.

1846. La même estampe.

Superbe épreuve avant la lettre.

1847. La même estampe.

Belle épreuve avec la lettre.

1848. Son Portrait gravé d'après lui-même, par C. B. Co-
clers.

Six épreuves en différents états, depuis l'épreuve d'essai jusqu'à
l'état de la planche terminée.

1849. Portrait de la mère d'Ostade, gravé en manière
noire par P. Oust, d'après A. Van Ostade.

Deux épreuves, dont l'une est avant la lettre.

1850. Titre de l'OEuvre, gravé du maître, en huit lignes,
quatre en hollandais et quatre en français.

Deux épreuves avec des différences dans le texte.

1851. Paysan avec une petite toque noire. (Faucheux. 1.)
Paysanne qui rit. (F. 2.)

Deux pièces. Très-belles épreuves du premier état avant le
trait carré et les initiales du maître ; les salissures de la planche
sont très-apparentes.

1851 *bis*. Les mêmes estampes.

Très-belles épreuves du deuxième état.

1852. Les mêmes estampes.

Contre-épreuves.

1853. Paysan avec un bonnet pointu. (F. 3.)

Superbe épreuve du premier état, avant le trait carré qui forme la bordure.

1854. La même estampe.

Très-belle épreuve du même état; elle a une grande marge.

1855. La même estampe.

Très-belle épreuve du deuxième état, avant que les travaux atteignent le trait carré fait au burin: l'épaule droite est mal indiquée.

1855 *bis*. La même estampe.

Belle épreuve du troisième état.

1856. La même estampe.

Épreuve tirée en rouge.

1857. Paysan qui rit. (F. 4.)

Très-belle épreuve du premier état, le fond est couvert de tailles triples et quadruples, ce qui le rend noir. La lèvre inférieure, à partir de la bouche, n'est indiquée que par quelques points.

1858. La même estampe.

Très-belle épreuve du même état.

1859. La même estampe.

Très-belle épreuve du deuxième état; le fond est encore noir, mais au coin droit de la bouche, sur la lèvre inférieure, on remarque cinq ou six petits traits verticaux, partant des points qui existaient seuls dans l'état précédent.

1860. La même estampe.

Très-belle épreuve du même état.

1861. La même estampe.

Belle épreuve du troisième état, avec le fond effacé, mais avant le trait carré et les initiales du maître. Les traces du grattoir sont très-apparentes.

1862. La même estampe.

Belle épreuve du même état.

1863. La même estampe,

Épreuve tirée en rouge.

1864. Le Fumeur (F. 5).

Très-belle épreuve d'un premier état non décrit, avant la bordure et de nombreux travaux et avant les initiales du maître.

1865. La même estampe.

Très-belle épreuve du premier état décrit avant la bordure et avec les initiales du maître.

1866. La même estampe.

Belle épreuve du même état.

1867. La même estampe.

Belle épreuve du deuxième état, avant le travail très-serré à la sèche produisant l'effet de la manière noire.

1868. La même estampe.

Épreuve tirée en rouge.

1869. Le Fumeur riant. (6)

Très-belle épreuve du premier état, avec les traces du grattoir très-apparentes, et avant quelques travaux, notamment les tailles verticales sur l'ombre qui couvre le vêtement à droite du montant de la chaise.

1870. La même estampe.

Très-belle épreuve du même état.

1871. La même estampe.

Belle épreuve du deuxième état.

1872. Boulanger sonnant du cornet pour avertir ses pratiques. (F. 7.)

Rarissime et superbe épreuve du premier état, à l'eau-forte pure.

1873. La même estampe.

Très-belle épreuve du deuxième état avec la bordure faible et avant de nombreux travaux, notamment sur l'ombre qui forme l'ouverture de la porte sous le coude gauche de l'homme.

1874. La même estampe.

Très-belle épreuve d'un état non décrit, intermédiaire entre le deuxième et le troisième. De nombreux travaux ont été ajoutés, notamment sous le coude gauche de l'homme, mais la bordure est toujours faible. ✕

1875. La même estampe.

Très-belle épreuve du même état.

1876. La même estampe.

Très-belle épreuve du troisième état, avant divers travaux à la pointe sèche, produisant l'effet de la manière noire ; la bordure est tracée au burin.

1877. Le Veilleur. (B. 8.)

Superbe épreuve du premier état, avant quelques légers travaux, notamment les tailles verticales, très-espacées, qui dans les états suivants se trouvent immédiatement sous la main qui tourne la manivelle. La bordure est faible.

1878. La même estampe.

Très-belle épreuve du même état.

1879. La même estampe.

Superbe épreuve du deuxième état avec quelques légers travaux additionnels. La bordure est faible.

1880. La même estampe.

Très-belle épreuve du même état.

1881. La même estampe.

Très-belle épreuve du troisième état, le trait carré a été renforcé.

1882. La même estampe.

Épreuve tirée en rouge.

1883. L'Homme appuyé sur le bas de sa porte. (F. 9.)

Très-belle épreuve du deuxième état avec la tache autour de la bouche, très-apparente, et avant le léger travail à la pointe sèche, sur l'épaisseur du châssis de la porte de la cave.

1883 *bis*. La même estampe.

Très-belle épreuve du même état.

1884. La même estampe.

Très-belle épreuve du même état.

1885. Le Fumeur à la fenêtre. (F. 10.)

Superbe épreuve du premier état, avant quelques légères tailles croisées sur le manteau du personnage, près de la cruche qu'il tient de la main gauche.

1886. La même estampe.

Très-belle épreuve du même état.

1887. La même estampe.

Très-belle épreuve du deuxième état, avec les traits de burin échappés, dans la marge inférieure, très-apparents. Elle a une grande marge.

1888. La même estampe.

Très-belle épreuve du même état ; elle a une grande marge.

1889. La même estampe.

Épreuve tirée en rouge.

1890. La même estampe.

Contre-épreuve.

1891. La Tendresse champêtre. (B. 11.)

Rarissime et superbe épreuve non terminée. Le corps de la femme, la main de l'homme et plusieurs feuilles de vigne ne sont qu'au trait. Dans la marge il n'y a pas les noms du maître.

1892. La même estampe.

Superbe épreuve du deuxième état. Le nom du maître très-légèrement tracé à la pointe sèche est écrit *Oftade* au lieu de *Ostade*. Les visages sont clairs, la main du paysan peu ombrée. La borbure est faible.

1893. La même estampe.

Belle épreuve du troisième état, avant divers travaux au burin ajoutés depuis ; le chapeau de l'homme se détache à peine du fond et n'est pas encore couvert de tailles verticales régulières.

1894. La même estampe.

Très-belle épreuve du même état.

1895. La même estampe.

Très-belle épreuve du quatrième état, tirée avec les travaux additionnels, notamment les tailles régulières sur le chapeau de l'homme ; les doigts de sa main droite sont couverts de petits traits verticaux de pointe sèche.

1896. La même estampe.

Très-belle épreuve du même état.

1897. La même estampe.

Contre-épreuve du même état.

1898. L'Homme et la Femme causant ensemble. (F. 12.)

Superbe épreuve du premier état, tirée avant divers travaux, notamment les tailles perpendiculaires sur l'habit et la main gauche de l'homme vu de face. On ne voit que les contours des pierres formant l'arcade qui est au-dessus de la fenêtre en haut à droite. La bordure est faible.

1899. La même estampe.

Très-belle épreuve du même état.

1900. La même estampe.

Très-belle épreuve du deuxième état, tirée avec de légers travaux additionnels. La bordure est faible.

1901. La même estampe.

Très-belle épreuve du même état.

1902. La même estampe.

Très-belle épreuve du troisième état avec les travaux additionnels, produisant l'effet de la manière noire. La bordure est faible.

1903. La même estampe.

Belle épreuve du même état.

1904. La même estampe.

Belle épreuve du quatrième état avant la retouche, mais avec le trait carré renforcé au burin.

1905. La même estampe.

Belle épreuve du même état.

1906. Les Fumeurs. (B. 13.)

Très-belle épreuve du premier état, à l'eau-forte pure, avant le trait carré et divers travaux; le plat est blanc. Extrêmement rare.

1907. La même estampe.

Très-belle épreuve du deuxième état, avant le trait carré, mais le plat n'est plus blanc, il est couvert de quelques tailles et son contour est achevé.

1908. La même estampe.

Très-belle épreuve du même état.

1909. La même estampe.

Contre-épreuve du même état.

1910. La même estampe.

Belle épreuve du troisième état avec la bordure renforcée, mais avant que les tailles qui sont au burin dans l'angle du haut, à gauche, atteignent le trait carré.

1911. La même estampe.

Belle épreuve du même état.

1912. La Mère et les deux Enfants. (B. 14.)

Superbe épreuve tirée avant divers travaux ; la bordure est faible et les angles du cuivre sont aigus de trois côtés.

1913. La même estampe.

Très-belle épreuve tirée avant divers travaux, notamment le travail très-serré à la pointe sèche, produisant l'effet de la manière noire. Le trait carré a été renforcé.

1914. La même estampe.

Belle épreuve tirée avec les travaux additionnels.

1915. La Cruche vide. (F. 15.)

Très-belle épreuve du deuxième état, avant divers travaux ; la jambe pliée, sur laquelle l'homme debout appuie son coude, est peu travaillée vers le genou. La bordure est fine.

1916. La même estampe.

Très-belle épreuve du même état.

1917. La même estampe.

Très-belle épreuve d'un état non décrit, intermédiaire entre le deuxième et le troisième ; elle est avant beaucoup de travaux, mais la jambe pliée sur laquelle l'homme debout appuie son coude est couverte de contre-tailles obliques. La bordure est fine.

1918. La même estampe.

Très-belle épreuve d'un état non décrit suivant immédiatement le précédent ; elle est avant les mêmes travaux, mais la bordure a été renforcée au burin.

1920. La même estampe.

Très-belle épreuve du troisième état décrit avec la bordure, gravée au burin et avec divers travaux additionnels ; mais avant le travail très-serré à la pointe sèche produisant l'effet de la manière noire.

1921. La même estampe.

Très-belle épreuve du même état.

1922. La même estampe.

Très-belle épreuve du quatrième état, tirée avec le travail très-serré à la pointe sèche, produisant l'effet de la manière noire, mais avant que le quatrième pied de la table ait été fortement exprimé.

1923. La même estampe.

Très-belle épreuve du même état, tirée sur papier du Japon.

1924. La même estampe.

Belle épreuve du même état, tirée en bistre.

1925. La Poupée demandée. (F. 16.)

Très-belle épreuve du deuxième état, avant les travaux ajoutés entre les tailles diagonales, au bord gauche supérieur de la planche.

1926. La même estampe.

Très-belle épreuve du même état.

1927. La même estampe.

Belle épreuve du même état.

1928. La même estampe.

Contre-épreuve.

1929. L'École. (F. 17.)

Très-belle épreuve du premier état, tirée avant le travail à la pointe sèche, produisant l'effet de la manière noire. La marge inférieure de la planche est couverte de salissures.

1930. La même estampe.

Très-belle épreuve du même état.

1931. La même estampe.

Belle épreuve du deuxième état.

1932. Le Coup de couteau. (F. 18.)

Rarissime et superbe épreuve du premier état, à l'eau-forte pure ; elle est signée au verso P. Mariette, 1670.

1933. La même estampe.

Superbe épreuve du même état.

1934. La même estampe.

Très-rare et superbe épreuve d'un état non décrit, intermédiaire entre le premier et le second, avant les tailles serrées qui produisent l'effet de la manière noire, sur le tonneau et sur la jambe de l'homme qui est à droite. Le tonneau se détache mal des objets qui l'entourent ; le pied du banc est couvert de tailles verticales légères ; la bordure est fine. Collection Soutzo.

1935. La même estampe.

Superbe épreuve du deuxième état décrit, avant de nombreux travaux. Le trait carré a été renforcé.

1936. La même estampe.

Superbe épreuve du même état. Collection Soutzo.

1937. La même estampe.

Très-belle épreuve du même état.

1938. La même estampe.

Très-belle épreuve du troisième état, avant le travail très-serré à la pointe sèche produisant l'effet de la manière noire.

1939. La même estampe.

Très-belle épreuve du même état.

1940. La même estampe.

Belle épreuve du même état, tirée en rouge.

1941. La même estampe.

Belle épreuve du quatrième état, tirée avec les tailles serrées produisant l'effet de la manière noire, mais avant divers autres travaux faits depuis à la planche, notamment les tailles diagonales sur la partie ombrée du dos de l'homme qui cherche à retenir un des combattants.

1942. Les Harangueurs. (F. 19.)

Rarissime et superbe épreuve du deuxième état, avant les feuilles de vigne, la cruche et la cuiller sur les vitraux d'en haut. La bordure est faible, la marge du bas a été rapportée.

1943. La même estampe.

Superbe épreuve du même état ; elle manque de conservation ; la marge du bas est coupée.

1944. La même estampe.

Contre-épreuve du même état.

1945. La même estampe.

Superbe et rare épreuve du troisième état, tirée avant divers travaux et avant que ceux qui touchent le trait carré inférieur aient été ébarbés.

1946. La même estampe.

Superbe épreuve du même état.

1947. La même estampe.

Superbe épreuve du même état.

1948. La même estampe.

Très-belle épreuve du quatrième état, avant divers travaux et avant le trait échappé sur le nez de l'homme placé au-dessus du lecteur.

1949. La même estampe.

Très-belle épreuve.

1950. La même estampé.

Très-belle épreuve.

1951. Gueux au dos courbé. (F. 20.)

Superbe épreuve d'un tout premier état non décrit. La planche
est carrée, sans aucune trace de bordure ; la barre horizontale du
terrain n'est pas marquée ; les contours du dos et du chapeau ne
sont pas exprimés. Elle est tirée sur papier bleu.

1952. La même estampe.

Superbe épreuve du premier état décrit, avant la bordure gravée au burin.

1953. La même estampe.

Très-belle épreuve d'un état non décrit, intermédiaire entre le
premier et le second. La bordure a été renforcée, mais le trait
extérieur droit le long du tablier n'a pas été raccordé.

1954. La même estampe.

Très-belle épreuve du deuxième état avec la bordure renforcée ;
les essais de pointe sont très-apparents.

1955. La même estampe.

Très-belle épreuve du même état.

1956. La même estampe.

Très-belle épreuve du deuxième état, tirée avant les travaux
repris au burin dans les parties ombrées.

1957. La même estampe.

Épreuve tirée en rouge.

1958. La même estampe.

Contre-épreuve.

1959. Gueux debout, les mains derrière le dos. (F. 21.)

Superbe épreuve du premier état, avant le trait carré et avec les
essais de pointe au-dessus de la tête de l'homme très-apparents.

1960. La même estampe.

Très-belle épreuve du même état.

1961

1961. La même estampe.

Belle épreuve du deuxième état avec le trait carré renforcé, mais avant le travail à la pointe sèche, produisant l'effet de la manière noire, notamment sur le haut de la veste, le bras droit et les souliers du personnage.

1962. La même estampe.

Belle épreuve du même état.

1963. La même estampe.

Contre-épreuve.

1964. Gueux enveloppé d'un manteau. (F. 22.)

Superbe et toute première épreuve avant le trait carré. Le trait extérieur à gauche et à droite, le long du bras et du manteau, n'est pas continu.

1965. La même estampe.

Très-belle épreuve du même état.

1966. La même estampe.

Très-belle épreuve avant le trait carré, mais le trait extérieur à gauche le long du bras et du manteau est continu dans sa plus grande partie.

1967. La même estampe.

Très-belle épreuve du deuxième état avec le trait carré renforcé, mais avant divers travaux à la pointe sèche, notamment à l'épaule droite et à l'ombre portée par les pieds du personnage.

1968. La même estampe.

Belle épreuve du même état.

1969. La même estampe.

Contre-épreuve.

1970. La Grange. (F. 23.)

Très-rare et superbe épreuve du deuxième état. Dans le coin au bas à droite, entre la roue et la bordure, il y a une place où l'eau-forte n'a pas mordu, ce qui forme une sorte de tache. Le trait carré est fin. Elle a une petite marge.

1971. La même estampe.

Superbe épreuve du troisième état tirée avant de nombreux travaux, notamment les contre-tailles sur la partie ombrée de la poutre. La tache a été raccordée. La bordure est fine ; elle a une petite marge.

1972. La même estampe.

Très-belle épreuve du même état.

1973. La même estampe.

Très-belle épreuve du même état.

1974. La même estampe.

Contre-épreuve du même état.

1975. La même estampe.

Belle épreuve du quatrième état avec le trait carré renforcé au burin et les contre-tailles sur la poutre, mais avant que les tailles horizontales en haut, dans l'angle droit, aient été cachées sous un grand nombre de traits croisés en tous sens.

1976. Homme et Femme marchant ensemble. (F. 24.)

Superbe épreuve du premier état, avant le trait carré. Le trait échappé qui monte droit vers le haut de l'estampe au-dessus de la tête de la femme est très-apparent.

1977. La même estampe.

Très-belle épreuve du même état.

1978. La même estampe.

Très-belle épreuve du troisième état, avec le trait carré et avec la main droite et le tablier de l'homme mal indiqués ; il y a des lacunes dans le contour.

1979. La même estampe.

Très-belle épreuve du même état.

1980. La même estampe.

Épreuve tirée en rouge.

1981. La même estampe.

Contre-épreuve.

1982. Le Fumeur et le Buveur. (F. 24 A.)

Très-rare et très-belle épreuve du premier état, à l'eau-forte pure; elle a une grande marge.

1983. La même estampe.

Très-belle épreuve du même état.

1984. La même estampe.

Très-belle épreuve du deuxième état, avec quelques légers travaux additionnels, notamment sur l'ombre du baquet sur lequel l'homme est assis. La bordure est fine.

1985. La même estampe.

Très-belle épreuve du même état.

1986. La même estampe.

Très-belle épreuve du troisième état, avec le travail très-serré à la pointe sèche produisant l'effet de la manière noire, mais avant que le trait carré ait été renforcé.

1987. La même estampe.

Très-belle épreuve du même état.

1988. La même estampe.

Contre-épreuve.

1989. La même estampe.

Épreuve tirée en rouge.

1990. La Dévideuse à la porte de sa maison. (F. 25.)

Très-rare et superbe du premier état. Dans le haut de l'estampe, à l'endroit où le trait de la bordure gauche est interrompu, il y a une petite place blanche. La bordure est fine.

1991. La même estampe.

Très-belle épreuve du même état.

1992. La même estampe.

Très-belle épreuve du deuxième état. La petite place blanche qui était en haut, à l'endroit où le trait de bordure gauche est interrompu, a été couverte par quelques légers traits de pointe sèche. La bordure est fine.

1993. La même estampe.

Très-belle épreuve du même état. Elle a une grande marge.

1994. La même estampe.

Très-belle épreuve du troisième état tirée avant divers travaux, notamment les tailles horizontales au-dessus du genou gauche de la femme. La bordure a été renforcée ; elle a une grande marge.

1995. La même estampe.

Très-belle épreuve du même état ; elle a une grande marge.

1996. La même estampe.

Très-belle épreuve du même état.

1997. La même estampe.

Deux épreuves en contre-partie.

1998. La même estampe.

Deux épreuves tirées en rouge et en bistre.

1999. Les Pêcheurs. (F. 26.)

Superbe et rarissime épreuve d'un état non décrit, intermédiaire entre le premier et le deuxième. De nombreux traits échappés, perpendiculaires, coupent le second poteau, à gauche, sur lequel repose le pont et s'étendent sur une partie de l'eau. On n'en aperçoit plus que quelques traces dans l'état suivant : Le ciel est blanc. La bordure est fine.

2000. La même estampe.

Superbe épreuve du deuxième état décrit, avec les travaux sur le ciel. La bordure est fine.

2001. La même estampe.

Superbe épreuve du même état.

2002. La même estampe.

Très-belle épreuve du même état.

2003. La même estampe.

Contre-épreuve du même état

2004. La même estampe.

Très-belle épreuve du troisième état, avec les travaux à la pointe sèche dans les parties ombrées, mais avant que le trait carré ait été renforcé au burin.

2005. La même estampe.

Belle épreuve du même état, tirée sur papier du Japon.

2006. La même estampe.

Belle épreuve du même état.

2007. Le Savetier. (27.)

Rarissime et superbe épreuve d'un état non décrit, intermédiaire entre le premier et le deuxième, avec le nom, avec de doubles tailles sur la figure de l'homme assis, avec des travaux enlevés depuis sur le toit de l'échoppe du savetier. On ne remarque au-dessus de la boule que quelques tailles perpendiculaires, lesquelles sont couvertes de contre-tailles dans l'état suivant. Le terrain derrière l'homme assis n'offre que de simples tailles et un léger griffonis. La marge du bas est couverte de salissures.

2008. La même estampe.

Superbe et très-rare épreuve du deuxième état décrit, avant divers travaux, notamment les contre-tailles obliques sur le mur de la petite maison que l'on voit en arrière-plan, dans le haut à droite ; avant les tailles croisées sur le toit de la même maison, avant la troisième taille près de l'auge de la pompe, sur le sol qui se projette le long du dos de l'homme assis. La marge inférieure est couverte de salissures. La bordure est fine.

2009. La même estampe.

Superbe et très-rare épreuve d'un état non décrit, intermédiaire entre le deuxième et le troisième ; avant divers travaux, notamment les contre-tailles obliques sur le mur de la petite maison, mais avec la troisième taille sur le sol près de l'auge de la pompe. L'épaisseur de la saillie extérieure de l'avant-toit, à droite de la pompe, qui, dans l'état précédent, n'était couvert que d'une seule taille, est croisée de contre-tailles obliques allant de gauche à droite. L'ombre du baquet dans le haut n'a pas de contre-tailles croisées. La marge inférieure est couverte de salissures ; la bordure est toujours fine.

2010. La même estampe.

Superbe épreuve du même état.

2011. La même estampe.

Superbe épreuve du même état ; elle est mal venue.

2012. La même estampe.

Superbe épreuve du troisième état décrit, avec divers travaux additionnels, notamment de légères contre-tailles sur le mur et sur le toit de la petite maison ; mais avant que la vigne descende jusqu'au trait carré. Sur une sorte de boule qui est près du balai on ne voit pas encore deux lignes parallèles très-fines. Le trait carré est renforcé au burin.

2013. La même estampe.

Très-belle épreuve du même état.

2014. La même estampe.

Belle épreuve du quatrième état. Sur la boule qui est près du balai on voit deux lignes parallèles très-fines. La vigne ne va pas encore jusqu'au trait carré à droite.

2015. La même estampe.

Belle épreuve du même état.

2016. La même estampe.

Belle épreuve du même état.

2017. La même estampe.

Épreuve tirée en rouge.

2018. La même estampe.

Contre-épreuve.

2019. Trois figures grotesques. (F. 28.)

Très-rare et belle épreuve du premier état à l'eau-forte pure.

2020. La même estampe.

Très-belle épreuve du deuxième état, avant le travail à la pointe sèche produisant l'effet de la manière noire. La bordure a été renforcée.

2020 *bis*. La même estampe.

Belle épreuve du même état.

2021. La même estampe.

Belle épreuve du troisième état avec divers travaux additionnels mais avant que le fond à droite ait été changé.

2022. La même estampe.

Belle épreuve du même état.

2023. Le Marchand de lunettes. (F. 29.)

Rare et superbe épreuve du premier état à l'eau-forte pure.

2024. La même estampe.

Superbe épreuve du même état.

2025. La même estampe.

Très-belle épreuve du même état ; elle a une grande marge.

2026. La même estampe.

Superbe épreuve du deuxième état, avec quelques travaux pour donner plus d'effet à la planche, mais avant que la bordure ait été renforcée.

2027. La même estampe.

Superbe épreuve du même état.

2028. La même estampe.

Très-belle épreuve du même état.

2029. La même estampe.

Belle épreuve du troisième état, avec le trait carré renforcé au burin et le travail très-serré à la pointe sèche produisant l'effet de la manière noire, mais avant les divers autres travaux exécutés depuis en différentes fois.

2030. La même estampe.

Belle épreuve du même état.

2031. La Chanteuse. (F. 30.)

Rarissime et superbe épreuve du premier état avec le fond blanc, avant les trois planches sur le sol et avant le nom. Collection W. Esdaile.

2032. La même estampe.

Très-rare et superbe épreuve du deuxième état. Le fond est ombré. La porte qui est derrière le joueur de violon est fermée ; il n'y a pas encore trois planches sur le sol, avec le nom. La bordure est faible.

2033. La même estampe.

Superbe épreuve du même état.

2034. La même estampe.

Très-rare et superbe épreuve d'un état non décrit, intermédiaire entre le deuxième et le troisième. La porte qui était fermée derrière le joueur de violon est ouverte. Le fond est plus travaillé et le sol est couvert de trois planches. La bordure est fine.

2035. La même estampe.

Très-belle épreuve du quatrième état ; sur l'épaule du joueur de violon il y a des tailles obliques très-légères ; le bonnet de l'homme qui tient le verre est couvert de tailles dans toute sa largeur ; la bordure est régulière et double surtout en bas.

2036. La même estampe.

Superbe épreuve du même état.

2037. La même estampe.

Très-belle épreuve du cinquième état, tiré avant les divers travaux, notamment le travail serré à la pointe sèche produisant l'effet de la manière noire.

2038. La même estampe.

Très-belle épreuve.

2039. La même estampe.

2040. Très-belle épreuve du sixième état, avec l'effet de la manière noire, mais avant les contre-tailles au burin allant à gauche, derrière la chaise de l'homme, jusqu'au trait carré.

2040. La même estampe.

Belle épreuve.

2041. La même estampe.

Trois épreuves du même état, tirées en brun et en rouge.

2042. La même estampe.

Deux contre-épreuves du même état dont l'une est tirée en rouge.

2043. La Fileuse. (F. 31.)

Très-rare et superbe épreuve du premier état, avant un grand nombre de travaux executés en différentes fois ; il n'y a pas de tailles diagonales sous le ventre du cochon couché. Le trait carré est légèrement exprimé.

2044. La même estampe.

Superbe épreuve du même état.

2045. La même estampe.

Superbe épreuve du même état.

2046. La même estampe.

Très-belle épreuve du deuxième état, avec divers travaux additionnels, notamment les tailles diagonales sous le ventre du cochon couché, mais avant les tailles serrées à la pointe sèche produisant l'effet de la manière noire, sur la grande fenêtre de l'étable à porcs. La bordure est fine.

2047. La même estampe.

Très-belle épreuve du même état.

2048. La même estampe.

Contre-épreuve du même état.

2049. La même estampe.

Très-belle épreuve du troisième état, avec divers travaux additionnels, mais avant que le trait ait été renforcé.

2050. La même estampe.

Belle épreuve du même état.

2051. La même estampe.

Épreuve tirée en rouge.

2052. Le Peintre. (F. 32.)

Rarissime et superbe épreuve du deuxième état. Le bonnet du peintre est élevé et n'est pas ombré à gauche ; le derrière de la tête, le dos et l'épaule gauche sont tout à fait clairs. Le pot qui est au pied de l'escalier est blanc dans sa partie gauche. Les deux premières marches de l'escalier ne sont couvertes que de quelques tailles horizontales. Elle est avant la lettre.

2053. La même estampe.

Très-rare et superbe épreuve du troisième état. Le bonnet du peintre est élevé ; le derrière de la tête, l'épaule gauche et le dos sont couverts de travaux. Les deux premières marches de l'escalier sont couvertes d'une seconde taille oblique. Elle est également avant la lettre.

2054. La même estampe.

Superbe épreuve du même état ; la marge du bas est coupée.

2055. La même estampe.

Superbe épreuve du même état ; même condition que la précédente.

2056. La même estampe.

Très-rare et superbe épreuve du cinquième état, avec les vers dans la marge du bas, et le mot *Aufferet* écrit avec un seul *r*, mais avant que le bonnet du peintre ait été diminué de hauteur.

2057. La même estampe.

Superbe épreuve du même état,

2058. La même estampe.

Superbe épreuve du sixième état, avant le mot *et excudit* après le nom du maître dans la marge du bas. Le bonnet du peintre a été diminué.

2059. La même estampe.

Très-belle épreuve du même état.

2060. La même estampe.

Très-belle épreuve du septième état. Dans la marge du bas, après le mot *fecit*, on lit : *et excudit*, écrit d'une pointe plus grosse. Elle a une petite marge.

2061. La même estampe.

Très-belle épreuve du même état.

2062. La même estampe.

Contre-épreuve du même état.

2063. La même estampe.

Très-belle épreuve du huitième état, avec les divers travaux additionnels, notamment le travail très-serré à la pointe sèche produisant l'effet de la manière noire ; elle est tirée avec un cache-lettre.

2064. La même estampe.

Belle épreuve du neuvième état.

2065. La même estampe,

Contre-épreuve du même état.

2066. Le Père de famille. (F. 33.)

Rare et superbe épreuve du premier état, avant que le trait carré ait été renforcé.

2067. La même estampe.

Très-belle épreuve du même état.

2068. La même estampe.

Très-belle épreuve du même état.

2069. La même estampe.

Très-belle épreuve du deuxième état, avec le trait carré renforcé, mais avant que le travail à la pointe sèche ait disparu ; signée au verso : Mariette 1868.

2070. La même estampe.

Très-belle étude du même état.

2071. La même estampe.

Très-belle épreuve du même état.

2072. La même estampe.

Deux épreuves, tirées en bistre et en rouge.

2073. La même estampe.

Contre-épreuve.

2074. Le Bénédicité. (F. 34.)

Rare et superbe épreuve du premier état, avant que la tête du paysan ait été couverte d'une calotte ; elle a une petite marge.

2075. La même estampe.

Très-belle épreuve du même état.

2076. La même estampe.

Très-belle épreuve du même état.

2077. La même estampe.

Très-belle épreuve du deuxième état. Le paysan a la tête couverte d'une calotte, mais le mur derrière sa tête n'a pas été raccordé.

2078. La même estampe.

Très-belle épreuve du même état.

2079. La même estampe.

Très-belle épreuve du même état.

2080. L'Épouilleuse. (F. 35.)

Très-belle épreuve d'une pièce rare.

2081. La même estampe.

Très-belle épreuve.

2082. Le Rémouleur. (F. 36.)

Superbe épreuve du premier état, avec le trait carré légèrement exprimé et avant divers travaux à la pointe sèche, notamment dans l'ombre qui est sous le bras gauche du Rémouleur.

2083. La même estampe.

Très-belle épreuve du même état.

2084. La même estampe.

Très-belle épreuve du même état.

2085. La même estampe.

Contre-épreuve du même état.

2086. L'Homme conversant avec la Femme. (F. 37.)

Très-rare et superbe épreuve du premier état à l'eau-forte pure, avant que partie du contour du chapeau, du manteau et de la jambe droite ait été indiqué.

2087. La même estampe.

Superbe épreuve du même état. Elle a une petite marge.

2088. La même estampe.

2088 bis Très-belle épreuve du même état.

2089. La même estampe.

Très-belle épreuve du deuxième état, avant que le trait carré ait été renforcé, mais avec le contour du mollet de la jambe droite de l'homme, celui du bord du chapeau et celui du manteau légèrement indiqués par une taille très-fine.

2090. La même estampe.

Belle épreuve du même état.

2091. La même estampe.

Contre-épreuve du même état.

2092. Les Musiciens ambulants. (38.)

Très-rare et superbe épreuve du deuxième état, avant que le trait carré, très-légèrement exprimé au burin, ait été renforcé.

2093. La même estampe.

Superbe épreuve du même état.

2094. La même estampe.

Très-belle épreuve du troisième état, avant divers travaux, notamment les tailles serrées sur le genou droit du musicien.

2095. La même estampe.

Très-belle épreuve du même état.

2096. La même estampe.

Contre-épreuve du même état.

2097. La même estampe.

Belle épreuve du quatrième état, avec le travail très-serré à la pointe sèche, mais avant que le coin, du haut de la droite, ait été terminé au burin.

2098. La même estampe.

Belle épreuve du même état.

2099. Le Tric-Trac. (39.)

Très-belle épreuve du premier état, avant que les ombres du fond dans toute l'estampe aient été couvertes de tailles très-serrées à la pointe sèche.

2100. La même estampe.

Très-belle épreuve du même état.

2101. La même estampe.

Belle épreuve du deuxième état, avec le travail très-serré à la pointe sèche, dans les parties ombrées, mais avant que le fond ait été couvert de nouveaux travaux en différentes fois.

2102. La même estampe.

Belle épreuve du même état.

2103. La même estampe.

Contre-épreuve du même état.

2104. La même estampe.

Épreuve tirée en rouge.

2105. Les deux Commères. (F. 40.)

Très-rare et superbe épreuve du premier état: la bordure est très-faible et est interrompue en plusieurs endroits.

2106. La même estampe.

Superbe épreuve du deuxième état. La tache semblant provenir d'une crevasse qui se voit près du menton de la femme, qui est à gauche est très-apparente. Le trait carré a été renforcé.

2107. La même estampe.

Très-belle épreuve du même état.

2108. La même estampe.

Très-belle épreuve du même état.

2109. La même estampe.

Épreuve imprimée en rouge.

2110. La même estampe.

Contre-épreuve.

2111. Le Charcutier. (41.)

Très-rare et superbe épreuve du premier état à l'eau-forte pure, avec la bordure très-légèrement indiquée et le ciel non raccordé.

2112. La même estampe.

Très-belle épreuve du même état.

2113. La même estampe.

Très-belle épreuve de deuxième état ; la bordure est encore fine dans toutes ses parties ; dans le bas au-dessous du mot *Ostade* elle n'est pas tracée. Le ciel a été raccordé.

2114. La même estampe.

Très-belle épreuve du troisième état, avec divers travaux ajoutés pour donner plus d'effet et avec la bordure renforcée au burin, mais avant que le large reflet de lumière, sur le paysan debout à gauche, ait été diminué.

2115. La même estampe.

Très-belle épreuve du même état.

2116. La même estampe.

Très-belle épreuve du même état.

2117. La même estampe.

Très-belle épreuve du quatrième état, avec le reflet de lumière diminué sur le paysan debout, mais avant divers travaux faits depuis, notamment les tailles horizontales sur le poteau qui tient la treille.

2118. La même estampe.

Très-belle épreuve du même état.

2120. Le Paysan payant son écot. (F. 42.)

Rarissime et superbe épreuve d'un état non décrit, intermédiaire entre le deuxième et le troisième, avec le trait carré renforcé, mais avant les tailles horizontales sur le linge qui est au-dessus du lit, près d'un panier.

2121. La même estampe.

Superbe épreuve du ~~troisième~~ état, avant des tailles diagonale ajoutées depuis sur plusieurs parties du fond, notamment entre l'homme assis et le manteau de la cheminée, mais avec les tailles horizontales sur le linge qui est au-dessus du lit ; elle a une petite marge.

2122. La même estampe.

Superbe épreuve du même état.

2123. La même estampe.

Très-belle épreuve du même état.

2124. La même estampe.

Belle épreuve de quatrième état, avec les tailles diagonales sur l'homme assis près du feu, mais avant le travail à la pointe sèche produisant l'effet de la manière noire dans les parties ombrées.

2125. La même estampe.

Belle épreuve du même état.

2126. Le Charlatan. (F. 43.)

Très-rare et superbe épreuve du premier état à l'eau-forte pure, avant la bordure et les changements ; dans le fond, à gauche, on voit un homme et un jeune garçon en marche et au-delà une chaumière.

2127. La même estampe.

Très-belle épreuve du même état.

2128. La même estampe.

Contre-épreuve du même état.

2129. La même estampe.

Superbe épreuve d'un état non décrit suivant immédiatement le premier, avec la bordure et les changements, mais avant divers travaux, notamment les tailles obliques sur le ciel, les contre-tailles horizontales sur le dos de la femme et sur l'extrémité de la malle qui se voit derrière le charlatan.

2130. La même estampe.

Très-belle épreuve d'un état non décrit, suivant le précédent ; avant divers travaux, notamment les tailles obliques sur le ciel et les tailles horizontales sur l'extrémité de la malle, mais avec les contre-tailles obliques sur le dos de la femme.

2131. La même estampe.

Très-belle épreuve avant divers travaux notamment le travail très-serré à la pointe sèche produisant l'effet de la manière noire, mais avec les travaux sur le ciel, sur le dos de la femme et sur l'extrémité de la malle ; à droite près le trait carré inférieur le nom du maître est couvert de légers travaux à la pointe sèche qui ne se voyaient pas dans les états précédents.

2132. La même estampe.

Très-belle épreuve du même état.

2133. La même estampe.

Très-belle épreuve du même état.

2134. La même estampe.

Très-belle épreuve avec le travail très-serré à la pointe sèche produisant l'effet de la manière noire, mais avant que l'ombre qui est sous la tente près la main gauche du Charlatan soit couverte de contre-tailles nombreuses. Collection W. Esdaile.

2135. La même estampe.

Très-belle épreuve du même état.

2136. Le Joueur de violon bossu. (F. 44.)

Superbe épreuve du premier état. La bordure est tracée au burin ; le contour du panier en bas est nettement accusé.

2137. La même estampe.

Superbe épreuve du même état.

2138. La même estampe.

Très-belle épreuve du deuxième état, avant divers travaux faits en différentes fois, notamment le travail très-serré à la pointe sèche produisant l'effet de la manière noire. Collection W. Esdaile.

2139. La même estampe.

Très-belle épreuve du même état.

2140. Le Violon et le petit Vielleur. (F. 45.)

Rarissime et superbe épreuve du premier état, à l'eau-forte pure ; la bordure est faible et n'est pas continue, le visage de l'homme assis sur un banc et le pot qu'il tient à la main ne sont pas profilés. Le contour de son pied gauche et celui de la table sur lequel il s'appuie ne sont pas exprimés ; la tour qui est dans le lointain à droite et les arbres qui sont a côté sont presque blancs. Collection W. Esdaile.

2141. La même estampe.

Superbe épreuve du deuxième état, avant un grand nombre de travaux, notamment les contre-tailles diagonales sur l'homme assis devant la porte de la maison et sur le terrain entre cet homme et le tonneau. La bordure a été renforcée et est régulière.

2142. La même estampe.

Superbe épreuve du même état.

2143. La même estampe.

Très-belle épreuve du même état.

2144. La même estampe.

Très-belle épreuve du troisième état, avec divers travaux additionnels, mais avant les tailles horizontales régulières, sur la tour qui se voit dans le fond à droite.

2145. La même estampe.

Très-belle épreuve, du même état.

2146. La même estampe.

Épreuve tirée sur papier du Japon.

2147. La même estampe.

Épreuve du même état, tirée en rouge.

2148. La même estampe.

Contre-épreuve du même état.

2149. La Famille. (F. 46.)

Superbe et toute première épreuve à l'eau-forte pure. Au bas, à droite, on voit une coulure d'eau-forte, s'étendant du chenet au trait carré inférieur. La marge, à gauche et en bas, est couverte de salissures.

2150. La même estampe.

Superbe épreuve du premier état, à l'eau-forte pure. Les trois degrés de l'escalier, au milieu du fond, sont presque entièrement blancs; le trait carré est très-légèrement indiqué.

2151. La même estampe.

Superbe épreuve du deuxième état, avec de légers travau additionnels. La bordure est encore faible.

2152. La même estampe.

Très-belle épreuve du troisième état. Le trait carré est tracé au burin, mais le contour du tranchant de la hache suspendue à la muraille n'est pas exprimé.

2153. La même estampe.

Superbe épreuve du même état.

2154. La même estampe.

Contre-épreuve du même état.

2155. La même estampe.

Très-belle épreuve du quatrième état, poussée à l'effet, mais avant le travail très-serré à la pointe sèche, produisant l'effet de la manière noire; il n'y a pas de tailles perpendiculaires sur le devant, à gauche.

2156. La même estampe.

Très-belle épreuve du même état.

2157. La même estampe.

Très-belle épreuve du même état.

2158. La même estampe.

Épreuve tirée sur papier du Japon.

2159. La même estampe.

Contre-épreuve.

2160. La Fête sous la treille. (F. 47.)

Très-rare et superbe épreuve du premier état, à l'eau-forte pure; le trait carré est très-fin, et n'est composé que d'un seul trait. Elle a une petite marge.

2161. La même estampe.

Superbe épreuve du deuxième état, avant un grand nombre de travaux, notamment les contre-tailles sur le pignon de la maison, derrière la femme qui danse et avant que le trait carré ait été renforcé au burin. Elle a une petite marge.

2162. La même estampe.

Superbe épreuve du même état ; elle a une petite marge.

2163. La même estampe.

~~Très-belle épreuve du même état.~~

2164. La même estampe.

Très-belle épreuve du troisième état, avec le trait carré renforcé au burin, mais avant tous les autres travaux ajoutés depuis.

2165. La même estampe.

Très-belle épreuve du même état.

2166. La même estampe.

Très-belle épreuve du quatrième état, avec le trait carré renforcé et avec divers travaux additionnels, mais avant que les travaux devant le petit enfant debout entre la femme assise et le panier renversé, aient été raccordés. Elle a une petite marge.

2167. La même estampe.

Très-belle épreuve du même état.

2168. La même estampe.

Belle épreuve du même état, tirée sur papier du Japon.

2169. La même estampe.

Contre-épreuve du même état.

2170. La Fête sous le grand arbre. (F. 48.)

Très-rare et superbe épreuve du premier état, avant que les traits diagonaux, au-dessus de l'arbre devant le clocher, aient été effacés.

2171. La même estampe.

Superbe épreuve du même état.

2172. La même estampe.

Superbe épreuve du même état.

2173. La même estampe.

Très-belle épreuve du deuxième état ; la montagne ombrée qui était au-dessus de l'arbre à droite du clocher a disparu, mais on ne voit pas encore deux éraillures presque perpendiculaires sur le ciel, entre le gros arbre et la chaumière.

2174. La même estampe.

Très-belle épreuve du même état.

2175. La même estampe.

Contre-épreuve du même état.

2176. La même estampe.

Belle épreuve du troisième état ; les deux éraillures sur le ciel, entre le gros arbre et la chaumières, sont très-apparentes.

2177. La même estampe.

Belle épreuve du même état.

2178. La même estampe.

Belle épreuve tirée en rouge.

2179. La Danse au cabaret. (F. 49.)

Superbe épreuve du quatrième état, avant le travail très-serré à la pointe sèche, produisant l'effet de la manière noire et avant que les bords de la planche aient été nettoyés.

2180. La même estampe.

Superbe épreuve du même état ; elle a une petite marge.

2181. La même estampe.

Superbe épreuve du même état ; le coin inférieur gauche de la marge, à droite, a été enlevé.

2182. La même estampe.

Très-belle épreuve avec la manière noire, mais avant que l'angle du haut, à droite, ait été terminé.

2183. La même estampe.

Très-belle épreuve du même état

2184. La même estampe.

Très-belle épreuve du même état.

2185. La même estampe.

Belle épreuve du même état, tirée en rouge.

2186. La même estampe

Contre-épreuve.

2187. Le Goûter. (F. 50.)

Rarissime et superbe épreuve d'un état non décrit, intermédiaire entre le premier et le deuxième, à l'eau-forte pure, avant un grand nombre de travaux notamment dans les fonds ; la draperie qui est sur le manteau de la cheminée n'a qu'une seule taille ; la petite fille qui boit a un bonnet sur la tête ; avant les vers de Tibulle dans la marge inférieure. La bordure est faible et irrégulière ; elle a une petite marge.

2188. La même estampe.

Très-rare et superbe épreuve du deuxième état, avec les fonds plus travaillés et avec des contre-tailles obliques sur la draperie qui est sur le manteau de la cheminée, mais avant un grand nombre de travaux, principalement les contre-tailles sur le bonnet et la figure de la petite fille, les tailles horizontales sur les rideaux du lit et avant les vers dans la marge inférieure. La bordure est fine ; elle a une petite marge.

2189. La même estampe.

Superbe et rare épreuve du troisième état, avec les vers dans la marge inférieure, mais avant beaucoup de travaux, notamment sur le bonnet de la petite fille, le coussin de la chaise de l'homme qui tient un verre à la main et qui est debout. La bordure est faible.

2190. La même estampe.

Superbe épreuve du même état.

2191. La même estampe.

Superbe épreuve du même état ; la marge du bas est coupée.

2192. La même estampe.

Superbe épreuve d'un état non décrit, intermédiaire entre le troisième et le quatrième, avec les tailles horizontales sur les rideaux du lit et les contre-tailles obliques sur le vantail fermé de la porte de la cave, mais avant les contre-tailles perpendiculaires sur le coussin du siége, à dossier rond, derrière l'homme debout, et avant les tailles horizontales sur les planches qui sont à gauche, entre le jeune garçon et le trait carré. La bordure est fine.

2193. La même estampe.

Superbe épreuve d'un état non décrit, venant immédiatement après le précédent, dont il ne diffère qu'en ce que le trait carré est tracé au burin.

2194. La même estampe.

Superbe épreuve.

2195. La même estampe.

Très-belle épreuve du cinquième état, avec divers travaux additionnels, notamment les contre-tailles perpendiculaires sur le
coussin du siége à dossier rond, derrière l'homme debout, et les
contre-tailles obliques entre les deux pieds du banc sur lequel la
femme est assise, mais avant le travail très-serré à la pointe sèche
produisant l'effet de la manière noire. Elle a une petite marge.

2196. La même estampe.

Très-belle épreuve du même état.

2197. La même estampe.

Très-belle épreuve du même état.

2198. La même estampe.

Contre-épreuve du même état.

2199. Le Paysan qui pisse. (F. 5.)

Très-belle épreuve du premier état.

2200. La même estampe.

Très-belle épreuve du même état.

2201. Le Fumeur et la Fumeuse. (F. 52.)

Très-belle épreuve.

2202. La même estampe.

Très-belle épreuve.

2203. Paysan qui chante. (F. 53.)

Très-belle épreuve.

2204. La même estampe.

Belle épreuve.

2205. Son OEuvre. (B. 1 à 53.) Il manque le n° 35.

Belles et anciennes épreuves.

2206. Sous ce numéro, il sera vendu différents exemplaires de l'œuvre d'Ostade ; un grand nombre de pièces séparéés ; soixante-huit pièces copiées d'après ses estampes et cinquante pièces d'après ses compositions.

2207. Sous ce numéro, il sera vendu, à la fin de chaque vacation, un grand nombre d'estampes anciennes de toutes les Écoles.

Vᵉˢ Renou, Maulde et Cock, imprˢ de la Compagnie des Commissaires-Priseurs, rue de Rivoli, 144.   55742

227,586 - 50